Harald Scheerer

Mit Worten führen

Oder: Reden müsste man können

Harald Scheerer

Mit Worten führen

Oder: Reden müsste man können

Die Deutsche Bibliothek – CIP-Einheitsaufnahme

Ein Titelsatz für diesen Titel ist bei der Deutschen Bibliothek erhältlich.

ISBN 3-89749-250-4

Lektorat: Susanne von Ahn, Hasloh
Umschlaggestaltung: +malsy Kommunikation und Gestaltung, Bremen
Umschlagfoto: zefa visual media, Hamburg
Illustrationen: Peter Lohse, Büttelborn
Satz: Lohse Design, Büttelborn
Druck: Salzland Druck, Staßfurt

© 2002 GABAL Verlag GmbH, Offenbach

www.gabal-verlag.de – More success for you!

Inhalt

Vorwort

Das vorliegende Buch „Mit Worten führen" basiert auf dem GABAL-Erfolgstitel „Reden müsste man können", von dem bisher acht Auflagen erschienen sind. Während sich das Basisbuch im Wesentlichen auf das Gebiet der angewandten Rhetorik konzentriert, wurde der Inhalt im neuen Werk erweitert und auf das ganze Gebiet der zwischenmenschlichen Kommunikation ausgedehnt. Dabei liegt der Schwerpunkt auf der „Menschenführung".

„Mit Worten führen" spricht in erster Linie Führungskräfte in Firmen, Behörden und Vereinen usw. an. Da jeder „Führende" fast immer gleichzeitig auch „Geführter" ist, weil in eine Hierarchie eingebettet, richtet sich dieses Buch auch an Mitarbeiter, die sich Anregungen für den Umgang mit ihrem Vorgesetzten wünschen.

Der wichtigste Teil Ihrer Führungsaufgaben als Vorgesetzter ist die Einweisung, Anleitung und Kontrolle von Mitarbeitern – und deren Motivation. Das sind Menschen mit Verstand, Meinungen, Erfahrungen und Gefühlen. Sie sind auf diese Menschen angewiesen, weil Sie deren Hilfe brauchen, um Ziele zu verwirklichen. Ebenso brauchen Sie für Ihre Zielerreichung die Hilfe von Kollegen, Vorgesetzten, Kunden, Lieferanten und anderen. Auch das sind Menschen, um es noch einmal zu betonen.

Führen heißt reden Zum Führen gehört auch das Reden. Das Führen mit Worten ist vermutlich die wirkungsvollste und damit wichtigste Art der Führung. Dies wird in Lehre und Studium viel zu wenig vermittelt und ist den wenigsten wirklich bewusst. Deswegen kann Ihnen dieses Buch, ob Sie Techniker,

Kaufmann, Beamter, Offizier oder Dienstleister sind, sehr nützlich sein und vieles leichter machen. Nicht durch theoretische Überlegungen, sondern durch praxisnahe Vorschläge und Beispiele, die alle auf einer bestimmten Verhaltensweise basieren: dem „partnerbezogenen Verhalten". Dieses partnerbezogene Verhalten setzt zweierlei voraus:

- sich von lieb gewordenen, eingeschliffenen Sprechgewohnheiten zu trennen und
- andere Meinungen als die eigene ernst zu nehmen.

Beides sind wichtige Bedingungen für eine erfolgreiche Führungstätigkeit wie überhaupt für einen erfolgreichen Umgang mit anderen Menschen. Sie sollten sich dabei immer vor Augen halten: Auch Sie empfinden es als unangenehm, wenn mit oder zu Ihnen in einer Art gesprochen wird, die Ihnen das Zuhören erschwert oder gar unmöglich macht. Auch Sie halten es für ganz selbstverständlich, dass andere Ihre Meinung ernst nehmen, und Sie sind verletzt, wenn Sie merken, dass jemand dies nicht tut.

Praktische Beispiele

In erster Linie sind es die „Humanistischen Psychologen", wie zum Beispiel Maslow, aus deren Quellen ich geschöpft habe; aber auch Aristoteles, Gadamer und nicht zuletzt Rupert Lay haben mir beim Schreiben geholfen. Im Übrigen erhebt dieses Buch keinen Anspruch auf Wissenschaftlichkeit, sondern auf Praxisnähe. So sind denn auch alle vorgestellten Fälle Praxisfälle, die ich aus eigenem Erleben kenne oder die mir Teilnehmer in meinen Seminaren berichtet haben. Die in den Beispielen und Fällen verwendeten wörtlichen Formulierungen sind nur als Vorschläge gedacht. Sie müssen in ähnlichen Situationen Ihre persönliche Art zu reden einsetzen. Einiges, was ich für besonders wichtig halte, wiederhole ich, wo es angebracht ist.

Ich wünsche Ihnen beim partnerbezogenen Führen viel Erfolg!

Ihr Harald Scheerer

Einstimmung:
Das partnerbezogene
Verhalten

„Nichts ist weicher als Wasser,
  und doch bezwingt es das Härteste.“

LAOTSE

Ich habe es eingangs schon erwähnt, das partnerbezogene Verhalten. Jetzt möchte ich es Ihnen ausführlicher vorstellen. Es ist einleuchtend, erlernbar und bringt sowohl dem, der führt, als auch dem betroffenen Mitarbeiter großen Nutzen:

- Wenn Sie als sich Führungskraft partnerbezogen verhalten, können Sie Ihre Mitarbeiter für sich und Ihre Ziele gewinnen und hinterlassen keinen aggressiven oder resignierenden Verlierer.
- Wenn Sie als Mitarbeiter sich partnerbezogen verhalten, können Sie Ihren Vorgesetzten vielleicht sogar von der Richtigkeit Ihrer Meinung überzeugen, mindestens aber die lähmende Wirkung des so genannten „Machtdiktats", über das später noch ausführlich gesprochen wird, zu Ihren Gunsten abschwächen. Sie sind mit diesem Verhalten in der Lage, Ihre Meinung deutlich zu sagen, ohne den Führenden (zum Beispiel Ihren Chef) zu verärgern, brauchen also keine Repressalien zu befürchten.

Andere Meinungen ernst nehmen Partnerbezogenes Verhalten ist die Voraussetzung für gedeihliches menschliches Zusammenleben überhaupt. Grundlage allen partnerbezogenen Verhaltens ist das Ernstnehmen und Respektieren der abweichenden Meinung des anderen. Aus dieser Erkenntnis der humanistischen Psychologie könnte man das Motto ableiten: Zeige einem Menschen, dass du seine Meinung ernst nimmst, und er wird meistens das tun, was du von ihm willst.

Die Beachtung dieses Leitsatzes erfordert bei vielen Menschen eine Verhaltensänderung – vielleicht auch bei Ihnen? Bis Sie diese Verhaltensänderung vollzogen haben, brauchen Sie oft einiges Training. Vom Verstand her ist die Befolgung des Leitsatzes kein Problem, denn auch jeder von uns legt großen Wert darauf, dass seine Meinung ernst genommen wird.

Doch vom Gefühl her ist sie sehr viel schwieriger, denn unkontrollierte Emotionen machen uns oft einen Strich durch die Rechnung, wenn der Gesprächspartner wieder „solch einen Unsinn" redet oder wenn er „absolut nicht begreifen will", was wir wollen. Also müssen Sie sich zunächst dazu zwingen, die andere Meinung ernst zu nehmen. Sie werden sehen: Bald nehmen Sie sie wirklich ernst.

Allerdings nützt diese Verhaltensänderung allein nicht viel. Sie müssen sie dem Gesprächspartner auch deutlich machen. Sie müssen ihm zeigen, dass Sie seine Meinung respektieren, sonst kann der oben genannte Leitsatz keine Wirkung haben. (Eine andere Meinung ernst zu nehmen, sie zu respektieren, heißt übrigens nicht, sie zu akzeptieren oder zu tolerieren; das tun Sie ja gerade nicht!)

Sie zeigen Ihr partnerbezogenes Verhalten Ihrem Zuhörer oder Gesprächspartner ganz deutlich durch das Anwenden von drei Regeln:
1. Regel: Partnerbezogen reden
2. Regel: Partnerbezogen zuhören
3. Regel: Partnerbezogen (das heißt umkehrbar = aggressionsfrei) formulieren

Die Anwendung dieser drei Regeln bedeutet beim sozialen Prozess „Führen" im Ergebnis: „partnerbezogen führen".

Diesen Prozess sollen die folgenden Kapitel verdeutlichen.

1. Partnerbezogen reden

„*Dass wir miteinander reden können,
macht uns zu Menschen.*"

KARL JASPERS

Störungen der Zuhörbereitschaft

Bitte lesen Sie sich folgenden Absatz aus dem Buch „Orator"
von Cicero vor oder lassen Sie ihn sich vorlesen:

Beispiel

*„Du fragst also – und das schon recht häufig –, welchem
Redestil ich wohl am meisten Beifall schenke, welcher Art
meiner Meinung nach der Stil ist, dem nichts mehr hinzugefügt
werden kann, welchen ich also für den höchsten und vollkom-
mensten erkläre. Dabei hege ich nun allerdings die Befürchtung,
ich könnte, wenn ich deinem Wunsche willfahren und den von
dir gesuchten Redner darstelle, den Eifer vieler lähmen, die in
ihrer Hoffnungslosigkeit entmutigt, etwas gar nicht mehr erst
versuchen wollen, das erreichen zu können sie sich nicht
zutrauen. Doch ist es billig, dass alle diejenigen alle Versuche
unternehmen, welche große und erstrebenswerte Ziele an-
streben. Wen aber vielleicht seine Veranlagung im Stich lässt
oder jene Kraft einer außerordentlichen Begabung oder aber,
wer nur weniger gut geschult ist in diesen hohen Fertigkeiten,
der behalte dennoch seinen Kurs bei, so gut er es vermag! Wer
den ersten Rang erstrebt, der darf in Ehren auch beim zweiten
oder dritten innehalten!"*

Haben Sie zugehört? Haben Sie das verstanden, was vorgelesen wurde? Nein, ich glaube nicht. Bitte versuchen Sie, sich
an den Inhalt des Abschnitts, den zu lesen nur eine Minute
dauerte, zu erinnern. Wahrscheinlich können Sie das nicht;
und das aus mehreren Gründen:

Zunächst ist der Sinn des Textes sehr schwer zu verstehen.
Außerdem wurde er kompliziert, also schwer verständlich,
formuliert. Es liegt also nicht an Ihnen als Zuhörer, sondern
es liegt am Text selbst und wahrscheinlich auch an der Art,
wie dieser Text vorgelesen, also gesprochen wurde. Jeder, der
zu anderen spricht, will ja verstanden werden. Aber das ist
nicht so leicht, wie sich das der unbefangene Sprecher vor-

stellt. An der Schnittstelle zwischen Sprecher und Hörer liegen nämlich Störungen auf der Lauer, die es erschweren oder gar verhindern, dass zugehört wird, weil sie die Zuhörbereitschaft der Zuhörer und Gesprächspartner lähmen. Schematisch dargestellt sieht das so aus:

Es geht also beim partnerbezogenen Sprechen darum, die Hörer „bei der Stange" zu halten, das heißt deren Zuhörbereitschaft aufrechtzuerhalten. Das ist nicht immer leicht. Das Wort „Zuhörbereitschaft" erklärt sich eigentlich selbst: beim Gespräch oder als Zuhörer eines Vortrags äußerlich und innerlich bereit zu sein, sich das anzuhören, was der Gesprächspartner oder Redner einem sagt.

Zuhörbereitschaft erhalten

Das zu erreichen, ist in erster Linie Aufgabe des Sprechers. Störungen der Zuhörbereitschaft haben es in sich. Sie verhindern, dass die Zuhörer zuhören, dass sie verstehen, dass sie sich nach dem richten, was der Sprecher sagt. Diese Störungen gibt es überall, wo gesprochen und zugehört wird beziehungsweise zugehört werden soll. Sie werden vom Sprecher verursacht – also, wenn Sie der Sprecher sind, von Ihnen. Allen diesen Störungen ist gemeinsam, dass sie außer der Gefahr des Abschaltens des Hörers noch die weitere große Gefahr mit sich bringen, dass die Beziehungsebene zwischen Sprecher und Hörer nachhaltig negativ beeinflusst wird. Warum? Weil das Zuhören anstrengend wird (was dann schließlich zum Abschalten führt), und das ärgert den Zuhörer, denn fast niemand strengt sich gerne an.

Das können Sie sich, wenn Sie Ihre Ziele erreichen wollen, nicht leisten – weder als Führungskraft noch als Mitarbeiter. Es gibt sechs durch den Sprecher verursachte Störungen der Zuhörbereitschaft:
1. Der Inhalt des Gesprochenen ist für den Hörer uninteressant.
2. Der Inhalt des Gesprochenen ist für den Hörer unangenehm.
3. Der Inhalt des Gesprochenen ist für den Hörer schwer verständlich.
4. Das Sprechen klingt für den Hörer unangenehm.
5. Der Sprecher ist akustisch schwer verständlich.
6. Das Aussehen des Sprechers stört den Hörer.

Sie sehen, alle diese sechs Störungen der Zuhörbereitschaft sind auf nicht partnerbezogenes Verhalten des Sprechers zurückzuführen, und zwar in erster Linie auf sein nicht partnerbezogenes Sprechen. Um nun diese Störungen (Fehler) beim Sprechen analysieren zu können, müssen wir erst einmal definieren:

Was ist „Sprechen"? Was ist eigentlich „Sprechen"? Das, was wir „Sprechen" nennen, setzt sich aus drei Teilbereichen zusammen:
1. Die Stimme, also der artikulierte Klang, durch den wir wahrgenommen werden
2. Die Sprache, also die Formulierung des Gesprochenen

3. Die Persönlichkeit, also wie wir uns darstellen
Erst das Zusammenwirken dieser drei Teilbereiche ergibt das
Sprechen. Die oben aufgeführten Störungen der Zuhörbereitschaft können nun in jedem der drei Teilbereiche auftreten: sowohl bei der Stimme wie auch bei der Sprache und
bei der Persönlichkeit. Damit wollen wir uns im Folgenden
auseinander setzen.

Die Stimme

Was ich jetzt ausführe, habe ich nicht irgendeinem Lehrbuch
entnommen, sondern auf der Schauspielschule erlebt.

Verbesserungen des Klanges

Der Ton, also der Klang, den wir brauchen, um zu sprechen, **Wie entsteht**
entsteht folgendermaßen: **die Stimme?**
Beim Ausatmen strömt die Atemluft zwischen zwei mehr
(bei Frauen) oder weniger (bei Männern) gespannten Mus-
kelrändern durch, die Stimmbänder oder Stimmlippen genannt werden. Bei diesem Durchströmen geraten die Stimmbänder in Schwingungen und erzeugen Töne. Diese Töne
benutzen wir dann, um uns hörbar zu machen, um gehört
zu werden. Wenn Sie die Töne dort zum Klingen bringen
würden, wo sie entstehen, auf den Stimmbändern nämlich,
dann würde das zunächst ganz heiser klingen, ganz „kehlig",
und nach einigen Minuten wären die Stimmbänder so
gereizt, dass Sie wirklich heiser wären.

Gott sei Dank haben wir von der Natur die Fähigkeit mitbe- **Die richtige**
kommen, den Ton in dem Augenblick, in dem er entsteht, von **Resonanz**
den Stimmbändern loszulösen. Der Ton wird dann durch die
Atemluft beim Ausatmen nach oben getragen, damit er sich
dort entfalten kann, wo die notwendigen Resonanzräume
vorhanden sind: im Kopf. Entgegen einer weit verbreiteten
Annahme ist der menschliche Kopf nämlich ziemlich hohl.

Nasenhöhle, Mundhöhle und Rachenhöhle sorgen dafür, dass der Ton hier die richtige Resonanz findet, sich also entfalten kann. Normalerweise genügt uns allen die Mundhöhle zur Resonanzbildung. Nur diejenigen, die von ihrer Stimme leben müssen, also Sänger, Schauspieler, Politiker – wenn sie einen guten Rhetoriktrainer haben –, benutzen zur Resonanzbildung neben der Mundhöhle auch noch die Nasenhöhle. Dadurch wird der Ton voller, angenehmer, raumfüllender. Und – was für manche sehr wichtig ist – die Gefahr, heiser zu werden, wird kleiner.

Das Gaumensegel Woran liegt das? Woher kommt diese wohltuende Wirkung? Sie entsteht durch die richtige Einstellung des Gaumensegels. Das Gaumensegel ist der hintere, bewegliche Teil des Gaumens. An ihm hängt das Zäpfchen. Dieses Gaumensegel muss so eingestellt sein, dass der Ton, von der Atemluft getragen, sowohl in die Mund- als auch in die Nasenhöhle eindringen kann. Dann dienen beide Höhlen als Resonanzböden. Dadurch klingt die Stimme einfach besser und die Gefahr, heiser zu werden, verringert sich. Heiser werden ja viele Menschen, wenn sie lange und/oder laut sprechen müssen.

Ich weiß, dass sehr viele von Ihnen nicht so viel und so laut zu sprechen haben, dass Sie unbedingt die Nasenhöhle mit zur Resonanzbildung einsetzen müssen. Aber ich möchte Ihnen trotzdem zeigen, wie Sie einen besseren Stimmklang erreichen können. Ich möchte Ihnen dadurch auch demonstrieren, dass die menschliche Stimme ein Instrument ist, auf dem Sie spielen können.

Die erwähnte richtige Einstellung des Gaumensegels können Sie durch einige einfache Übungen erreichen. Dies sind alles Übungen mit den klingenden Mitlauten „m" und „n". Es gibt auch Mitlaute, die nicht klingen: zum Beispiel „p" und „t".

Übungen

Die Grundübung, auf der alle anderen Übungen aufbauen, ist das summende Ausatmen auf „m" und „n". Bitte stellen Sie sich ganz locker hin, atmen Sie ein, und atmen Sie auf „m" summend aus („mmmmmmmmmmmm …").

Hierzu gibt es auch eine Erfolgskontrolle:
Wenn der Ton schön rund und voll – sowohl in der Mund – wie auch in der Nasenhöhle – angekommen ist, dann fängt im Allgemeinen die Oberlippe etwas zu vibrieren und zu kitzeln an. Bitte kontrollieren Sie das doch mal: Ganz locker stehen oder sitzen, ganz locker einatmen und auf „m" summend ausatmen. Was macht Ihre Oberlippe? Bitte immer wieder üben!

Und nun das Gleiche auf „n":
Bitte ganz locker stehen oder sitzen, ganz locker einatmen und auf „n" summend ausatmen („nnnnnnnnnnn …").

Auch beim „n" gibt es eine Erfolgskontrolle: Wenn der Ton am richtig eingestellten Gaumensegel vorbei in die Mund- und auch in die Nasenhöhle eingedrungen ist, fängt im Allgemeinen die Zungenspitze an zu vibrieren und zu kitzeln.

Versuchen Sie's noch einmal: Ganz locker einatmen, ganz locker stehen oder sitzen und auf „n" summend ausatmen. Was macht die Zungenspitze? Hat sie gekitzelt? Bitte immer wieder üben!

Und nun kommt der Clou des Ganzen: Jetzt benutzen wir diese „m" und „n", um auch die Selbstlaute (Vokale) sowie die Umlaute und die Doppellaute am richtig eingestellten Gaumensegel vorbei in Mund- und Nasenhöhle zu bringen. Wir setzen zunächst das „m" und danach das „n" vor den Vokal und hinter den Vokal und ziehen und schieben diesen Vokal am dadurch richtig eingestellten Gaumensegel vorbei in die Mund- und in die Nasenhöhle. Dabei das „m" weit überbetonen:

„Mmm-i-mm, mmm-e-mm, mmm-a-mm, mmm-o-mm, mmm-u-mm, mmm-ä-mm, mmm-ö-mm, mmm-ü-mm, mmm-ei-mm, mmm-eu-mm, mmm-au-mm."

Wiederholen Sie dies so lange, bis Sie das Gefühl haben, dass der Hals weitgehend entlastet ist und die Tonbildung resonanzreich „oben" erfolgt.

Jetzt benutzen Sie das „n" als Lokomotive, um die Selbstlaute, Doppellaute und Umlaute nach oben zu bringen. Dabei betonen Sie das „n" weit über:
„Nnn-i-nn, nnn-e-nn, nnn-a-nn, nnn-o-nn, nnn-u-nn, nnn-ä-nn, nnn-ö-nn, nnn-ü-nn, nnn-ei-nn, nnn-eu-nn, nnn-au-nn."

Auch diese Übung wiederholen Sie so lange, bis das Gefühl entstanden ist, dass der Hals weitgehend entlastet ist und die Tonbildung resonanzreich „oben" erfolgt.

Diese – und ähnliche – Übungen sollten Sie jeden Tag etwa fünf Minuten machen, und Ihre Stimme wird stabiler und wohlklingender und – was ganz wichtig sein kann – Sie werden nicht mehr so leicht heiser.

Welche Störungen der Zuhörbereitschaft können nun durch die Stimme verursacht werden?

▓ Die Stimme des Sprechers klingt für den Hörer unangenehm (zu schrill oder zu monoton).

▓ Der Sprecher ist akustisch schwer zu verstehen (permanent leise – oder zu leise – und/oder ohne Sprechpausen).

Unangenehmer Stimmklang

Sollten Sie den Eindruck haben, dass der Klang Ihrer Stimme vielen Ihrer Kommunikationspartner unangenehm ist (zu schrill, zu hoch, zu tief), so suchen Sie bitte einen Logopäden oder eine Logopädin auf, diese können Ihnen bis zu einem gewissen Grade helfen.

Sollten Sie monoton (eintönig) sprechen, so können Sie sich   **Monotone Stimme**
selber helfen. Die Belebung der Stimme hängt sehr stark vom
Wechsel zwischen „laut" und „leise" und zwischen „hoch"
und „tief" ab. Eine immer gleich bleibende Lautstärke und
Tonhöhe klingt monoton. In den meisten Fällen ist das
monotone Sprechen auf leises Sprechen zurückzuführen.
Wer immer leise spricht, der wechselt weder Lautstärke noch
Tonhöhe. Dieses monotone Sprechen kann Vorträge und
Besprechungen zur Qual werden lassen – und tut es auch!

Hier liegt eine erhebliche Störung der Zuhörbereitschaft
in zweierlei Hinsicht vor: Es ist erstens unangenehm anzuhören und zweitens einschläfernd. Gerade am lebhaften,
nicht monotonen Stimmklang zeigt sich die Überlegenheit
des gesprochenen Wortes gegenüber dem geschriebenen.
Am besten ist es, wenn Sie durchweg etwas lauter sprechen;
dann wird die Stimme ganz von selbst lebhaft. (Siehe
nächster Abschnitt: Leises Sprechen.)

Übung

Es folgen einige Wörter zum Antrainieren des lebhafteren Stimm-
klanges. Sprechen Sie diese Wörter bitte stark übertrieben aus,
um die Möglichkeiten auszukosten, die im Klang eines Wortes
beziehungsweise einer Wortfolge stecken können:
„Sein – oder Nichtsein!" – „Tragisches Schicksal!" – „Quälen-
de Furcht" – „Verächtliches Lachen!" – „Heiterkeit" – „Son-
nenschein" – „Schöner Tag" – „Wonnetrunken" – „Pest und
Höllenbrand!" – „Du musst!" – „Ich will!" – „Hart wie Stahl!"
– „Dein ist mein ganzes Herz."

Sprechen Sie sich diese Wörter oder Sätze – überbetont –
zehnmal mindestens fünf Tage lang vor und versuchen Sie dann,
die ganze Übung in Ihrem bisher üblichen monotonen Tonfall zu
sprechen. Sie werden merken, es fällt Ihnen jetzt schwer.

Leises Sprechen

Leise Stimme

Wenn Sie für andere zu leise sprechen, liegt das fast nie an Ihrer Stimme, sondern an Ihrer Einbildung: Sie sind so empfindlich, dass schon eine normale Lautstärke Ihnen viel zu laut vorkommt. Dagegen können Sie etwas unternehmen. Das leise Sprechen ist übrigens eine der häufigsten und der schwerwiegendsten Störungen der Zuhörbereitschaft. Der Hörer kann Sie zwar verstehen, wenn er sich anstrengt, aber wer strengt sich schon gerne an? Nach kurzer Zeit schlaffen die meisten ab und hören nicht mehr zu.

Wie können Sie das ändern? Die Übungen auf „m" und „n" (S. 19 ff.) können Sie auch dazu benutzen, Ihre Stimme zu kräftigen. Jede Übungsfolge beginnen Sie mit Ihrer Normallautstärke (also leise) und werden bei jeder Wiederholung lauter. Wenn es geht, werden Sie ruhig übertrieben laut. Aber ohne jede Anstrengung im Hals! Sowie Sie sich anstrengen müssen, reduzieren Sie sofort die Lautstärke.
Auf allen Ihren Arbeitsunterlagen (Gesprächsnotizen, Stichwortzetteln, Redemanuskripten) vermerken Sie immer wieder: „Lauter sprechen".

Pausenloses Sprechen

Ein anderes Problem ist das Sprechen ohne Punkt und Komma. Nun kann man gegen das pausenlose Sprechen – also das Schnellsprechen – verhältnismäßig wenig machen; denn das Schnellsprechen ist eine Temperamentssache. Wenn man einem Schnellsprecher sagt, er solle langsamer sprechen, so spricht er zehn bis zwanzig Sekunden langsamer, und nach zwanzig Sekunden ist er schon wieder im alten Tempo.

Pausen gegen Schnellsprechen

Es gibt ein Mittel gegen das Schnellsprechen: Pausen. Sie können so schnell sprechen, wie Sie wollen. Wenn Sie ausreichend Pausen machen, haben Ihre Zuhörer oder Gesprächspartner immer wieder die Möglichkeit, das nachzuvollziehen, was Sie gerade gesagt haben.

Pausen sind das Wichtigste beim Sprechen.

Jetzt werden Sie vielleicht denken: Was für ein Unsinn. Das Wichtigste beim Sprechen soll das „Nicht-Sprechen" sein?
Es gibt vier gute Gründe für Pausen beim Sprechen:
1. Entlastung des Ultrakurzzeitgedächtnisses
2. Zeit zum Atemholen
3. Zeit zum Nachdenken
4. Erhöhung der Wirkung

Hier sind sie im Einzelnen:

1. Entlastung des Ultrakurzzeitgedächtnisses
Wir alle haben drei Gedächtnisstufen:
- das Ultrakurzzeitgedächtnis
- das Kurzzeitgedächtnis
- das Langzeitgedächtnis

Uns interessiert hier nur das Ultrakurzzeitgedächtnis. Wenn wir zu oder mit anderen sprechen, sind wir Sender. Die Nachrichten, die wir senden, also das, was wir sagen, sind für einen oder mehrere Empfänger bestimmt. Diese Empfänger sind unsere Gesprächspartner oder Zuhörer. Das Ziel des Senders – also unsere Absicht – ist es, die Nachrichten, die wir senden, also das, was wir sagen, ins Langzeitgedächtnis unserer Partner zu bringen. Jede Nachricht, die wir senden, zum Beispiel in einem Vortrag, in einem Gespräch, trifft bei jedem Menschen, zu dem wir sprechen, zunächst auf das so genannte Ultrakurzzeitgedächtnis. Das ist eine Art Momentangedächtnis, das über Folgendes entscheidet: Ist die betreffende Nachricht wichtig, oder ist sie unwichtig vom Standpunkt des Hörers aus?

Das Ultrakurzzeitgedächtnis filtert

Kommt das Ultrakurzzeitgedächtnis zu der Entscheidung, die Nachricht ist wichtig, dann wird sie weitergeleitet ins

Kurzzeitgedächtnis, wo sie noch einmal abgeprüft wird. Kommt das Ultrakurzzeitgedächtnis zu der Entscheidung, die Nachricht ist unwichtig, dann wird sie gelöscht. Die Folge ist, dass der betreffende Mensch sich überhaupt nicht an diese Nachricht erinnern kann.

Das Ultrakurzzeitgedächtnis arbeitet wie ein Computer:
- Entscheidung „Ja" = weiterleiten.
- Entscheidung „Nein" = löschen.

Um so arbeiten zu können, hat das Ultrakurzzeitgedächtnis zwei Eigenschaften:
1. Es hat nur ein sehr begrenztes Fassungsvermögen. Wenn es voll ist, wenn es eine bestimmte Menge von Nachrichten aufgenommen hat, dann macht es dicht, dann schließt es sich, und es werden keine weiteren Nachrichten mehr aufgenommen.

2. Es braucht eine bestimmte Zeit, um zu prüfen, ob die Nachrichten oder Teilnachrichten wichtig sind, also weitergeleitet werden müssen, oder ob sie unwichtig sind, also gelöscht werden können. Die Zeit, die das Ultrakurzzeitgedächtnis braucht, um zu prüfen: „Ja" oder „Nein", ist unterschiedlich. Meistens braucht es nur Bruchteile von Sekunden. Aber für eine komplizierte oder nur unvollständig aufgenommene Nachricht braucht es längere Zeit – vielleicht drei, vier Sekunden. Im äußersten Fall wurden bis zu zwanzig Sekunden gemessen.

Nachrichten-aufnahme benötigt Zeit Während dieser Zeit des Prüfens bleibt das Ultrakurzzeitgedächtnis aber geschlossen und nimmt keine weiteren Nachrichten mehr auf. Der Sender sendet nun aber oft weiter, das heißt, wir sprechen weiter, obwohl das Ultrakurzzeitgedächtnis unserer Gesprächspartner oder Zuhörer nicht aufnahmefähig ist. Das bedeutet, wir sprechen am Ohr unserer Zuhörer vorbei. Wir können gar nicht gehört werden.

Daran sollten Sie denken, wenn Sie als Führungskraft ein
wichtiges und vielleicht kompliziertes Gespräch mit Mitarbeitern vor sich haben oder ein Referat halten, dessen
Inhalt genaues Hinhören verlangt.

Sie haben anderen Menschen etwas ganz genau erklärt. Sie   **Beispiel**
haben nichts ausgelassen. Und trotzdem haben einige nur
die Hälfte von dem aufgenommen, was Sie erklärt haben, ob-
wohl sie genau zugehört haben. Deren Ultrakurzzeitgedächtnis
war immer wieder geschlossen, um das zu prüfen, was Sie vor-
her gesagt hatten. Die Gesprächspartner hatten also gar keine
Chance, das gerade neu Gesagte aufzunehmen.

Wie können Sie verhindern, dass das Ultrakurzzeitgedächt-   **Entlastung**
nis Ihrer Gesprächspartner und Zuhörer blockiert ist durch   **des Hörers**
das, was Sie vorher gesagt haben? Durch Pausen. Wenn Sie
genügend Pausen machen, dann geben Sie Ihren Partnern
immer wieder Gelegenheit, das nachzuvollziehen, was Sie
gesagt haben, und deren Ultrakurzzeitgedächtnis somit die
notwendige Zeit, sich zu entscheiden, ob es das Gesagte
weiterleiten oder auslöschen soll.

2. Zeit zum Atemholen
Sie wissen vielleicht: Eine gute Versorgung des Gehirns mit
Sauerstoff verbessert das Denkvermögen. Und umgekehrt:
Eine schlechte Versorgung des Gehirns mit Sauerstoff ver-
ringert das Denkvermögen. Nun hängt die Sauerstoffversor-
gung vom Atmen ab. Je freier ich atme, desto besser wird der
Körper – und damit auch das Gehirn – mit Sauerstoff ver-
sorgt.

Wie ist es nun aber, wenn wir ein schwieriges Gespräch
führen oder einen Vortrag halten müssen? Wir spannen uns
an. Wir verkrampfen uns. Und in der Anspannung atmen wir
alle ganz flach. Wir können in Anspannung gar nicht richtig
durchatmen. Wenn wir also unser Gehirn am nötigsten

Durchatmen brauchen, wie zum Beispiel bei einem schwierigen Gespräch
entspannt oder einem Vortrag, dann versorgen wir es nicht genügend
mit Sauerstoff und verringern dadurch unser Denkvermögen. Aber wir können etwas dagegen tun: durchatmen. Wenn
wir kräftig durchatmen, geht die Anspannung weg. Unser
Körper – und damit auch das Gehirn – werden besser mit
Sauerstoff versorgt, und wir können besser denken.

Sie wissen jetzt also: In schwierigen Situationen immer
wieder tief atmen, um die Spannung zu lösen und das Hirn
mit Sauerstoff zu versorgen.

3. Zeit zum Nachdenken

Pausen geben Ihnen Zeit, darüber nachzudenken, was Sie als
Nächstes sagen. Das ist wichtig. Oder wollen Sie erst hören,
was Sie sagen, bevor Sie wissen, was Sie denken? Sie sollten
das Denken lieber vorschalten. Und dazu brauchen Sie
Pausen.

4. Erhöhung der Wirkung

Intensivere Der vierte Grund ist auch nicht unwichtig: Pausen steigern
Wirkung die Wirkung des Gesprochenen. Eine Pause vor oder nach
einem wichtigen Wort oder einem wichtigen Satz hebt dieses
Wort oder diesen Satz heraus aus den anderen Worten und
gibt ihm eine besondere Bedeutung.

Übung

Sprechen Sie die nachstehenden Texte auf einen Tonträger oder
lassen Sie sich die Texte von jemandem vorlesen. Dehnen Sie bei
der zweiten Fassung die Pausen ruhig so weit aus, bis sie Ihnen
zu lang vorkommen. Vergleichen Sie beide Fassungen. Sie
werden feststellen, dass Sie die zweite Fassung – mit Pausen –
wesentlich leichter vorlesen können. Sie haben nämlich durch
die Pausen mehr Zeit, sich jeweils in Ruhe auf die nächsten Worte vorzubereiten. Dann hören Sie die beiden Texte nacheinander

ab. Sie werden sehr deutlich merken, dass die zweite Fassung – mit Pausen – leichter zu verstehen und viel wirkungsvoller ist.

Übungstext 1 (ohne Pausen)

Alles, was vor uns entstehen soll, findet seine Ursache in unserem Denken. Ein Gedanke, eine Idee, deren Verwirklichung wir ausdauernd verfolgen, muss schließlich sichtbar in Erscheinung treten. Auch ich habe große Ziele. Alle Kräfte, die ich zur Verwirklichung meiner Wünsche brauche, liegen in mir. Durch die Macht der Gedanken werden diese Kräfte zu treuen Helfern bei meinem Werk. Warum sollte ich nicht mehr erreichen, als andere mir zutrauen? Ich wachse mit allen Aufgaben, die ich mir selbst stelle. Ich werde mein Ziel erreichen. Ganz bestimmt. Ich fühle meine Kräfte und Fähigkeiten wachsen. Ich glaube an mich und an meine Ziele, so wie alle die Menschen an sich geglaubt haben, die Großes vollbracht haben.

Übungstext 2 (mit Pausen)

Alles – Pause – was vor uns entstehen soll, – Pause – findet seine Ursache – Pause – in unserem Denken. – Pause – Ein Gedanke, – Pause – eine Idee, – Pause – deren Verwirklichung wir ausdauernd verfolgen, – Pause – muss schließlich sichtbar in Erscheinung treten. – Pause – Auch ich habe große Ziele. – Pause – Alle Kräfte, – Pause – die ich zur Verwirklichung meiner Wünsche brauche, – Pause – liegen in mir. – Pause – Durch die Macht der Gedanken – Pause – werden diese Kräfte – Pause – zu treuen Helfern bei meinem Werk. – Pause – Warum – Pause – sollte ich nicht mehr erreichen, – Pause – als andere mir zutrauen? – Pause – Ich wachse – Pause – mit allen Aufgaben, – Pause – die ich mir selbst stelle. – Pause – Ich werde mein Ziel erreichen. – Pause – Ganz bestimmt. – Pause – Ich fühle – Pause – meine Kräfte und Fähigkeiten – Pause – wachsen. – Pause – Ich glaube an mich – Pause – und an meine Ziele, – Pause – so wie alle die Menschen an sich geglaubt haben, – Pause – die Großes vollbracht haben.   Schellbach

Sie werden vermutlich festgestellt haben, dass der mit Pausen gesprochene Text wesentlich angenehmer anzuhören und besser zu verstehen ist. Unter anderem lag es daran, dass der zweite Vortrag durch die Pausen besser strukturiert erschien. Dadurch wurde die Wirkung erhöht.

Zeit zur Verarbeitung des Gehörten Diese beiden gleichen – aber doch so verschiedenen – Vorträge haben noch etwas gezeigt: Das Ultrakurzzeitgedächtnis der Zuhörer hatte durch die Pausen beim zweiten Vortrag Zeit, das Gehörte zu verarbeiten. Außerdem gaben die Pausen dem Sprecher die Möglichkeit zum Atemholen. Und sie gaben dem Sprecher auch die Möglichkeit, darüber nachzudenken beziehungsweise nachzulesen, was als Nächstes kommt, was er als Nächstes sagen muss. Und – sicher nicht unwichtig – die Pausen haben, wie schon gesagt, die Wirkung erhöht. Das gilt nicht nur für diesen Schellbach-Text, sondern es gilt für fast jeden gesprochenen Text. Das war es, was ich gern beweisen wollte: die Wohltat der Pausen.

Zusammenfassung

Ein unangenehmer Stimmklang lenkt ab. Leises Sprechen und pausenloses Sprechen sind schwer zu verstehen. Es sind Rücksichtslosigkeiten des Sprechers gegenüber den Zuhörern. Sie können deren Zuhörbereitschaft erheblich vermindern oder sogar ganz zum Erliegen bringen. Ganz abgesehen davon kann dadurch die Beziehungsebene negativ beeinflusst werden, und Sie erschweren sich unter Umständen das Erreichen Ihrer Ziele.

Die Sprache

Sprache ist für den Hörer der Inhalt des Gesprochenen und die Art, wie wir diesen Inhalt formulieren, wie wir uns ausdrücken. Denn das sollten Sie sich an dieser Stelle klar machen:

Man kann jeden – auch ganz eindeutigen – Inhalt in vielen unterschiedlichen Formulierungen ausdrücken.

Mögliche Störungen der Zuhörbereitschaft

So wie bei der Stimme gibt es auch bei der Sprache vom Sprecher verursachte Störungen der Zuhörbereitschaft:

- Undeutliche Aussprache erschwert die Verständlichkeit. (Der Hörer wünscht deutliche, nicht: überdeutliche Aussprache.)
- Formulierungs-Unarten (zum Beispiel „Äh") stören. (Der Hörer wünscht keine dauernde Unterbrechung des Sprechflusses.)
- Unübersichtliche, zusammenhanglose Formulierungen erschweren das Verständnis. (Der Hörer wünscht klar gegliederte, logisch aufeinander aufgebaute Formulierungen.)
- Langweilige Formulierungen ermüden. (Der Hörer wünscht interessante, anregende Formulierungen.)
- Komplizierte Formulierungen erschweren das Verständnis. (Der Hörer wünscht einfache, gut verständliche Formulierungen.)

Undeutliche Aussprache

Die Wichtigkeit der deutlichen Aussprache wird oft sehr überschätzt. Wenn Ihre Aussprache ohne Schwierigkeiten von Ihren Gesprächspartnern und Zuhörern verstanden wird, dann haben Sie nicht den geringsten Grund, an der Art, wie Sie sprechen, etwas zu ändern. Es kommt nicht unbedingt darauf an, ob die Endsilbe eines Wortes deutlich ausgesprochen wird oder ob ein „t" klar vom „d" unterschieden werden kann, sondern einzig und allein darauf, ob das, was Sie sagen, gut zu verstehen ist.

Deutliche Aussprache wird oft überschätzt

> **Eine gewollt deutliche Aussprache klingt unnatürlich und stört die Zuhörbereitschaft.**

Sollte Ihre Aussprache allerdings allzu undeutlich sein, nuscheln Sie zum Beispiel stark oder verschlucken Sie zu viele Silben, dann ist es für Ihre Partner schwer, Sie zu verstehen, und sie schalten ab. Die Zuhörbereitschaft erlischt.

Dialekt: nein, Klangfarbe: ja

Hierher gehört auch die Bewertung des so genannten Dialektes. Dürfen Sie Dialekt sprechen oder nicht? Sie dürfen es nicht, wenn Ihre Gesprächspartner oder Zuhörer diesen Dialekt nicht kennen. Denn dann versteht man Sie nicht, und das bedeutet völliges Erlöschen der Zuhörbereitschaft. Also zum Beispiel kein Kölsch Platt, kein Plattdeutsch und kein breites Sächsisch, Schwäbisch oder Bayrisch, wenn Ihre Partner diesen Dialekt nicht beherrschen. Aber Sie alle, die Sie Dialekt sprechen, tun das ja fast immer nur dann, wenn Sie mit Landsleuten sprechen. Wenn Sie mit oder zu Menschen sprechen, die Ihren Dialekt nicht kennen, dann sprechen viele von Ihnen nicht reines Hochdeutsch, sondern eine mundartliche Klangfarbe. Das heißt, man hört zwar, woher Sie kommen, woher Sie stammen, aber man kann Sie verstehen. Warum sollten Sie nicht zeigen, woher Sie stammen, wo Sie Ihre Wurzeln haben?

Bemühen Sie sich in einem solchen Fall nicht, reines Hochdeutsch zu sprechen. Das würde aus Ihrem Mund nur gekünstelt klingen. Und das würde die Zuhörbereitschaft stören. Vielleicht stört den einen oder anderen Partner auch die mundartliche Klangfarbe. Aber da sollten Sie drüberstehen; damit sollten Sie leben. Sich das abzugewöhnen oder wegzutrainieren, kostet sehr, sehr viel Arbeit und widerspricht jeder Kosten-Nutzen-Rechnung. Konrad Adenauer war wirklich ein bedeutender Mensch. Aber er hat sich nie geschämt, mit Kölner Klangfärbung zu sprechen. Theodor Heuss leugnete nie, aus Schwaben zu stammen. Lothar Späth – ein besonders guter Redner – spricht ebenfalls mit schwäbischer Klangfarbe.

Formulierungs-Unarten

Es gibt – äh – Menschen, die – äh – ganze Säcke – äh – voll äh füllen, ehe – äh – sie – äh – einen Satz – äh – zu Ende – äh – gebracht – äh – haben.

Dieses „Äh"-Sagen ist eigentlich eine Unverschämtheit. Ich unterhalte mich ja nicht mit einem Menschen, um von ihm Urlaute entgegenzunehmen. Das „Äh" ist ja ein so genannter Urlaut. Das kleine Kind in der Wiege darf Urlaute von sich geben: „Äh, äh, äh", aber doch nicht ein erwachsener Mensch! Die meisten Leute, die so viele „Äh" sagen, merken das überhaupt nicht.

Äh-Sagen ist unverschämt

Das „Äh" entsteht durch die unbewusste Angst vor der Pause.

Ich weiß nicht gleich, was ich sagen soll, ich suche nach einem Ausdruck oder nach einer Formulierung. Dabei habe ich das Gefühl, wenn eine Pause entsteht, langweilen sich die anderen, also sage ich lieber „Äh", um die Pause auszufüllen. Was für ein Unsinn! Sie machen das natürlich in Zukunft nicht mehr; denn Sie wissen ja inzwischen, wie wichtig und wohltuend Pausen sind (Übung S. 27).

Sollten Sie dazu neigen, allzu häufig „Äh" zu sagen, dann versuchen Sie immer wieder, ganz bewusst Pausen zu machen. Programmieren Sie sich förmlich auf Pausen. Dann sagen Sie kein „Äh" mehr. Das „Äh" entsteht, wie gesagt, durch die unbewusste Angst vor der Pause. Wenn Sie aber bewusst Pausen machen, dann haben Sie keine Angst davor, und Sie sprechen bald kein „Äh" mehr. Außerdem können Sie auf Ihre Stichwortzettel oder Gesprächsnotizen an den Rand immer wieder „Äh" schreiben. Dadurch werden Sie daran erinnert, es nicht zu sagen. Übrigens: Wenn Sie ab und zu „Äh" sagen, dann schadet das gar nichts. Nur wenn es anfängt, Ihre Gesprächspartner oder Zuhörer in ihrer Zuhörbereitschaft zu stören, dann schadet es: Wenn diese Strichlisten machen, die markieren, wie viele „Äh" Sie in einer Minute ausstoßen, dann hören sie auch nicht mehr zu! Ähnliche Formulierungsunarten wie das „Äh" können sein: „Woll", „Genau", „Ehrlich", „Ich würde sagen", „Ich möchte meinen" usw.

Zuhörerfreundlich formulieren

„Zuhörerfreundlich formulieren" – was bedeutet das? Wenn Sie sprechen, dann tun Sie das ja nicht für sich, sondern für die, die Sie ansprechen. Jeder, der spricht, tut das fast nur für andere. Gehen wir einmal von Folgendem aus: Sie müssen einen Vortrag halten. Da steht das Thema, also der Inhalt, ja meistens von vornherein fest: zum Beispiel der Vorschlag für ein Investitionsvorhaben, das Vorstellen eines Projektes, eine Informationsrede vor Ihren Mitarbeitern, eine Geburtstagsrede usw.

Das „Wie" betonen   Am Inhalt können Sie also nichts ändern. Aber Sie müssen davon ausgehen, dass der Inhalt die meisten Ihrer Zuhörer gar nicht oder nur sehr wenig interessiert. Jedenfalls ist er für die Hörer fast immer weniger interessant als für Sie selbst als Sprecher, der Sie den Inhalt Ihrer Worte ja vertreten müssen. Viele würden Ihnen also wegen des Inhalts allein kaum zuhören.

Es kann aber auch sein, dass der Inhalt für Ihre Zuhörer durchaus interessant ist, dass jedoch Sie als Sprecher so durcheinander, so langweilig oder so kompliziert formulieren, dass es für Ihre Zuhörer wirklich schwer ist, Ihnen zu folgen, obwohl der Redeinhalt sie interessieren würde. Auch in diesem Fall schalten viele Hörer ab. In beiden Fällen – langweiliger Inhalt und/oder das Zuhören störende Formulierungen – können Sie durch zuhörerfreundliche Formulierungen Zuhörbereitschaft erreichen, indem Sie drei Regeln anwenden:

Interesse wecken

1. Übersichtlich formulieren – statt durcheinander formulieren
2. Anregend formulieren – statt langweilig formulieren
3. Einfach formulieren – statt kompliziert formulieren

1. Übersichtlich statt durcheinander
Bitte stellen Sie sich vor, Sie sitzen in einem der besten Restaurants von Paris. Sie haben ein Menü bestellt und vorher besprochen, wie Sie die Speisen zubereitet und das Fleisch gegrillt haben möchten. Auch Wein haben Sie geordert – roten und weißen – zu den einzelnen Gängen passend. Und nun freuen Sie sich auf das gute Essen. Da kommt ein Ober an Ihren Tisch und stellt eine große, zerbeulte Blechschüssel vor Sie hin. Dann bringt er die Vorspeise und schüttet sie in die Schüssel. Danach die Suppe. Auch sie kippt er in die Schüssel. So macht er es auch mit dem Fischgang. Das Hauptgericht kommt ebenfalls in die Schüssel mit allen Beilagen und der Sauce. Käse und Süßspeise erleiden dasselbe Schicksal – einschließlich der heißen Schokoladensauce. Auch den herrlichen Weißwein und den köstlichen Rotwein gießt der Ober in die Blechschüssel. Danach rührt er alles kräftig um und wünscht Ihnen einen guten Appetit.

Beispiel

Essen Sie diesen unansehnlichen Brei? Wahrscheinlich nicht! Warum eigentlich nicht? Es ist doch dasselbe gute Essen, das Sie bestellt hatten. Das Fleisch ist „medium", wie Sie es gewünscht hatten. Es sind die von Ihnen gewählten hervorragenden Weine. Trotzdem essen Sie es nicht. Sie sind gewohnt, das Essen in einer bestimmten Reihenfolge zu sich zu nehmen, sozusagen „übersichtlich, gegliedert und harmonisch aufgebaut". Und auch das Gefühl will zu seinem Recht kommen: Ein festlich gedeckter Tisch, entsprechendes Geschirr und Gläser, das Besteck passend, alles dies wirkt äußerst appetitanregend.

Und so ist es auch beim Sprechen und Reden! Wenn Sie das, was Sie anderen mitteilen wollen, wie „Kraut und Rüben" auf einen Haufen vor Ihren Zuhörern ausschütten, dann „essen" diese das nicht. Das heißt, sie hören nicht zu. Denn auch sie wollen Ihre Rede übersichtlich und gut gegliedert hören. Auch sie wollen es angenehm und leicht haben, Ihnen zuzuhören.

Gute Übersicht Ich meine, dieser Vergleich trifft den Kern des Problems. Sprechen Sie übersichtlich, anregend und einfach. Vermeiden Sie Störungen der Zuhörbereitschaft, und sprechen Sie so, dass man Sie gut verstehen kann. Dann ist Ihnen die Sympathie und damit die Aufmerksamkeit Ihrer Zuhörer und Gesprächspartner sicher. Dazu gehört eine für den Zuhörer merkbare Gliederung, eine gute Übersicht. Wenn Sie Ihren Vortrag gliedern, zwingen Sie sich selbst zu einem logischen Aufbau, der die Verständlichkeit erhöht. Dabei sollten Sie bei Sachreden (Referaten) diese Gliederung unbedingt mit vortragen, denn die einzelnen Gliederungspunkte sind für den Hörer Kristallisationspunkte für die zu diesem Gliederungspunkt vorgetragenen Gedanken. Auch bei wichtigen Gesprächen ist es oft vorteilhaft, wenn der Gesprächsführer sich eine Gliederung macht und diese mit dem Partner bespricht.

2. Anregend statt langweilig
Den vorgegebenen Inhalt möglichst interessant, möglichst anregend formulieren, sich interessant und anregend ausdrücken – wie macht man das? Ganz wichtig ist, dass Sie so sprechen wie sonst auch. So, wie Sie mit den Menschen sprechen, die Ihnen nahe stehen, nur etwas lauter. Kein Schriftdeutsch also, sondern Ihr normales Umgangsdeutsch (wenn es nicht gerade Dialekt oder Slang ist).

Die meisten Menschen meinen, sie müssten sich möglichst „fein" ausdrücken, wenn sie zu einer Gruppe sprechen oder eine Verhandlung führen. Sie sprechen dann „nach der Schrift", also Schriftdeutsch. Das entspricht aber nicht dem, was Ihre Zuhörer erwarten. Die erwarten „Umgangsdeutsch", also ein Deutsch, das Sie und sie sonst auch sprechen. Dabei sollten Sie nicht „Schriftdeutsch" mit „Hochdeutsch" verwechseln. Der Hannoveraner spricht feinstes Hochdeutsch, aber kein Schriftdeutsch. Beim Schriftdeutsch gibt es viel mehr Schachtelsätze, oft andere Wortstellungen und mehr Wörter aus dem so genannten „passiven Wortschatz". Dieser „passive Wortschatz" besteht aus Wörtern, die die meisten kennen, aber nicht beim Sprechen verwenden.

„Hochdeutsch" heißt nicht „Schriftdeutsch"

„Der Knabe schreitet in das Gehölz."

Beispiel

Das würde höchstens ein Ausländer sagen, der nach einem Lehrbuch Deutsch lernt. Jeder von uns würde vermutlich sagen: „Der Junge geht in den Wald." Wir verstehen das zwar auch: „Der Knabe schreitet in das Gehölz." Aber wir würden nicht so sprechen, denn sowohl „Knabe" wie auch „schreiten" und „Gehölz" gehören in diesem Zusammenhang zum passiven Wortschatz.

Schriftdeutsch sprechen stört Hörer und Gesprächspartner und bringt negative Punkte auf der Beziehungsebene.

Was gehört noch zum anregenden Formulieren? Hier eine kleine Übersicht:
- „Sie" statt „man" verwenden
- Nutzen aufzeigen
- Den anderen mit Namen anreden
- Rhetorische Fragen stellen
- Beispiele bringen

Direkt ansprechen „Sie" statt „man" verwenden
Anregend wirkt immer die direkte Ansprache des Partners durch „Sie-" und „Ihr"-Fomulierungen anstatt des unpersönlichen „man". Vergleichen Sie einmal die beiden folgenden Texte!

Beispiel *„Wenn man Skilaufen kann, hat man ungeahnte Erlebnisse: Man hat die Möglichkeit, die Sonne morgens über dem unberührten Schnee aufgehen zu sehen. Man lernt die Landschaft aus Perspektiven kennen, aus denen sie der Fußgänger nie zu sehen bekommt. Man erlebt den Rausch der Geschwindigkeit und man hat auch abends beim Après-Ski noch einige fröhliche Stunden."*

„Wenn Sie Skilaufen können, dann haben Sie ungeahnte Erlebnisse: Sie haben die Möglichkeit, die Sonne morgens über dem unberührten Schnee aufgehen zu sehen. Sie lernen die Landschaft aus Perspektiven kennen, aus denen sie der Fußgänger nie zu sehen bekommt. Sie erleben den Rausch der Geschwindigkeit und Sie haben auch abends beim Après-Ski noch einige fröhliche Stunden."

Merken Sie den Unterschied?
Das „Sie", das „Ihr" oder das „Du" wirken sehr viel persönlicher – und dadurch interessanter – als das „man". Das macht das Gehörte anregender und bringt positive Punkte auf der Beziehungsebene.

Nutzen aufzeigen
Kaum ein Mensch ist im Allgemeinen interessiert an dem, was wir ihm sagen wollen oder zu sagen haben. Aber jeder Mensch ist an der Antwort auf eine einzige Frage interessiert. Und die lautet: „Was nützt es mir?"

Was nützt es mir, wenn ich zuhöre? Was nützt es mir, wenn ich das tue oder lasse, was dieser Mensch mir sagt?

Dabei denken die Zuhörer natürlich nicht laufend darüber nach, was Sie ihnen Nützliches sagen. Sie merken es meistens überhaupt nicht. Das heißt, Sie müssen es ihnen deutlich machen. Sie müssen ganz ausformulieren, was für den Hörer alles nützlich ist.

▪ Sagen Sie nicht: „Die Gleitzeit ist eine sehr vorteilhafte Angelegenheit", sondern sagen Sie: „Durch die Gleitzeit können Sie Ihre Arbeitszeit ganz individuell einteilen."

▪ Sagen Sie nicht: „Wenn wir den Teich einzäunen, ist die Gefahr beseitigt", sondern sagen Sie: „Wenn wir den Teich einzäunen, können unsere Kinder ohne Gefahr spielen, und wir Eltern brauchen nicht dauernd Angst zu haben."

Nutzen bieten

Merken Sie den Unterschied? Sie müssen Ihre Zuhörer mit der Nase auf das stoßen, was ihnen nützt und wie es ihnen nützt. Dadurch wird ein Vortrag oder ein Gespräch anregender; und jeder Partner wird unmittelbar interessiert. Ein gutes Beispiel ist der Verkauf:

Der normale Verkäufer kennt die Eigenschaften seines Produktes und zählt sie dem Kunden auf: „Herr Kunde, diese Maschine ist verchromt, sie ist ergonomisch hervorragend konstruiert, sie ist äußerst preiswert." Der gute Verkäufer kennt die Eigenschaften natürlich auch, aber er zählt sie nicht auf, sondern übersetzt sie in Vorteile für den Kunden: „Herr Kunde, weil die Maschine verchromt ist, können Ihre Mitarbeiter sie viel besser reinigen. Außerdem ist sie ergonomisch hervorragend konstruiert, sodass Ihre Mitarbeiter bei der Arbeit nicht ermüden. Durch den überaus günstigen Preis könnten Sie sich bei Bedarf noch das Zusatzgerät einbauen."

Beispiel Verkauf

Den anderen mit Namen anreden
Es ist wiederholt bewiesen worden, dass jeder Mensch am liebsten seinen eigenen Namen hört. Also reden Sie Ihren Gesprächspartner während des Gesprächs immer mal wieder an. (In Maßen!)

Rhetorische Fragen
Gerade bei sehr sachlichen Gesprächen und Referaten
schleicht sich leicht Langeweile ein. Das können Sie unter anderem mit rhetorischen Fragen verhindern oder abmildern.
Rhetorische Fragen sind Fragen, die keine Antwort verlangen.

Sagen Sie nicht: „Das Werk hat einen Ausstoß von 50 t täglich." Sondern fragen Sie: „Was glauben Sie, wie hoch der
Ausstoß dieses Werkes ist?" Oder Sie sagen an anderer Stelle:
„Was meinen Sie, was dann passiert ist?" Die Antworten
geben Sie jeweils selbst.

Rhetorische Fragen halten die Aufmerksamkeit wach.

Beispiele veranschaulichen Sachverhalte

Beispiele bringen
Am anregendsten sind Beispiele. Formulieren Sie niemals
abstrakt, sondern bringen Sie anschauliche Beispiele, um
Ihre Zuhörer zu überzeugen. Dann können die anderen
wesentlich besser nachvollziehen, was Sie ihnen sagen.

3. Einfach statt kompliziert
Bitte denken Sie daran: Ihre Fachsprache wird nicht von
jedem verstanden. Für Sie ist es Umgangssprache, für
Ihren Gesprächspartner sind es vielleicht „Böhmische
Dörfer", sie verstehen Sie nicht. Wenn einige Ihrer Ge-
sprächspartner oder Zuhörer nicht vom Fach sind, müssen
Sie Fremd- und Fachwörter übersetzen, sonst werden
Sie nicht verstanden und machen einen negativen Eindruck
(Beziehungsebene!).

Ebenso gefährlich ist die Verwendung von in Ihrer Fachsprache oder in Ihrem Unternehmen gebräuchlichen Abkürzungen. Sie merken das oft gar nicht, denn für Sie gehört
das alles zum täglichen Sprachgebrauch.

Vor allen Dingen aber heißt einfach formulieren möglichst **In Hauptsätzen**
wenige Nebensätze zu sprechen. Hauptsätze sind viel ein-   **sprechen**
facher, das heißt leichter anzuhören und zu verstehen.
Einfach formulieren macht es den Zuhörern leichter, Ihnen
zuzuhören. Das schätzt jeder, und es gibt positive Punkte auf
der Beziehungsebene.

Zusammenfassung

Zuhörerfreundlich formulieren heißt:
- Übersichtlich formulieren (gliedern, logischer Aufbau)
- Anregend formulieren (Umgangsdeutsch, „Sie" statt „man", Nut-
  zen bringen, mit Namen anreden, rhetorische Fragen, Beispiele)
- Einfach formulieren (keine Fachsprache, keine Abkürzungen,
  wenig Nebensätze)

Die Persönlichkeit

Weiter vorne haben wir uns mit den Störungen der Zuhörbereitschaft befasst, die beim zweiten Teilbereich des
Sprechens, der „Sprache", auftreten können, und damit,
wie Sie ihnen begegnen. Wir kommen nun zum dritten Teilbereich des Sprechens, der „Persönlichkeit" des Sprechers.
Auch hier kann es eine ganze Reihe von Störungen der
Zuhörbereitschaft geben – und zwar
- beim Blickkontakt beziehungsweise seinem Fehlen,
- beim Gesichtsausdruck und
- bei der übrigen Körpersprache.

Der Blickkontakt

Wenn zu Ihnen oder mit Ihnen gesprochen wird, dann
erwarten Sie, dabei angesehen zu werden, sonst wird Ihre
Zuhörbereitschaft gestört. Wenn Sie keinen Blickkontakt aufnehmen und halten, kann das bei Ihren Zuhörern zu
Aggressionsgefühlen führen – und das bringt unweigerlich
negative Punkte auf der Beziehungsebene.

Die magische Kraft des Auges

Der Blickkontakt ist insgesamt äußerst nützlich. Im Auge liegt nämlich eine magische Kraft, die Ihre Zuhörer Ihre Botschaft besser aufnehmen lässt. Das Auge ist wie ein zusätzliches Medium neben der Stimme und der Sprache.

Es gibt psychologische Untersuchungen über die Wirkung des Blickkontaktes, die deutlich machen: Da, wo mit Blickkontakt gesprochen wird, wird mehr behalten.

Ich halte den Blickkontakt für so wichtig, dass ich eine Technik dazu entwickelt habe. Diese Technik macht es mir möglich, Ihnen einen Text vorzutragen, den ich überhaupt nicht kenne, und trotzdem einigermaßen Blickkontakt mit Ihnen zu halten. Diese Technik ist ganz einfach und im Handumdrehen zu erlernen. Sie geht wie folgt:

Technik zum Blickkontakt

Sie lesen nur so viele Worte Ihres Manuskriptes, wie Sie ohne Schwierigkeiten, ohne auswendig zu lernen, behalten können. Sie lesen nur, ohne dabei zu sprechen. Dann blicken Sie auf, suchen den Blickkontakt mit Ihren Hörern und sprechen dann erst diese vorher gelesenen Worte. Wenn Sie ausgesprochen haben, sehen Sie Ihre Hörer noch einen Augenblick an, und erst dann sehen Sie wieder nach unten und lesen wieder so viele Worte, wie Sie ohne Mühe behalten können. Dann blicken Sie wieder auf und sprechen diese Worte erst, wenn Sie den Blickkontakt mit Ihren Hörern wieder aufgenommen haben.

So geht es weiter, bis Sie alles vorgetragen haben; denn das ist der Unterschied zum Vorlesen: Durch den Blickkontakt wird das Vorlesen zum Vortragen. Natürlich entstehen dabei viele Pausen. Aber Sie wissen ja, dass Pausen, vor allem beim Hören von unbekannten oder schwierigen Inhalten, als sehr angenehm empfunden werden. Zunächst entstehen auch Pausen an solchen Stellen, an denen dem Sinn nach keine Pausen hingehören. Aber das ändert sich sehr schnell.

Schon nach einigen Minuten Übung „sitzen" die Pausen an den richtigen Stellen. Im Allgemeinen werden Sie ja nur Texte vortragen, die Sie kennen oder selbst formuliert haben. Dann ist diese Technik überhaupt kein Problem. Dann „sitzen" alle Pausen an den richtigen Stellen.

In sehr vielen Veranstaltungen habe ich getestet, dass diese Methode: „Nur sprechen, wenn man Blickkontakt hat" wesentlich besser bei den Hörern ankommt als die allgemein übliche Gepflogenheit, schon während des Sprechens immer wieder in das Manuskript zu sehen – also ohne Blickkontakt einfach nur vorzulesen –, anstatt mit Blickkontakt vorzutragen. Interessanterweise kommen dem, der vorträgt, die Pausen (zunächst) viel länger vor als denen, die zuhören.

> **Übung**
> Tragen Sie einen beliebigen Text so vor, wie ich es beschrieben habe. Üben Sie diese Technik, indem Sie denselben Text immer wieder vortragen. Nach fünf bis sechs Mal nehmen Sie den Vortrag auf eine Kassette auf. Sie werden beim Abspielen sehr erstaunt sein, wie angenehm Ihr Vortrag zu hören und im Video anzusehen ist. Außerdem werden Sie merken, dass Sie durch den Zwang zur Pause, den Sie sich bei dieser Technik auferlegen, sehr bald wesentlich ruhiger und sicherer werden.

Zur besseren Übersicht finden Sie hier nochmals die einzelnen Schritte, wie Sie einen Text gelungen mit Blickkontakt vortragen, statt ihn vorzulesen:

- Manuskript mit möglichst großen Buchstaben und möglichst vielen Absätzen schreiben
- Zwischen den einzelnen Zeilen große, zwischen den einzelnen Absätzen sehr große Zwischenräume lassen
- Manuskript nur halbseitig beschreiben – eine Hälfte des DIN-A4- oder ein Drittel des DIN-A5-Blattes frei lassen

▪ Jede Zeile nach Möglichkeit so konzipieren, dass sie einen geschlossenen Sinnzusammenhang bildet und leicht mit einem Blick aufgenommen werden kann

▪ Manuskript in folgendem Rhythmus vortragen:

Am Anfang die Zuhörer mit Rundum-Blickkontakt ansehen; dann:

A Blick senken, Text (möglichst mit Sinnzusammenhang) aufnehmen

B Blick heben, Blickkontakt herstellen

C Sprechen

D Moment verharren, Blickkontakt halten

A Blick senken, nächsten Text aufnehmen

Dann weiter ab B, also folgender Rhythmus:

A - B - C - D - A - B - C - D - A - B - C - D - usw.

Sollte durch ungünstige Textaufnahme eine Pause am falschen Platz entstehen, dann wiederholen Sie einfach die letzten Worte des Textes vor der Pause und sprechen über die vorher entstandene Pause weg.

Reden nach Stichworten Bei einem ausgeschriebenen Manuskript ist der Blickkontakt mit den Hörern kein großes Problem; denn man braucht nicht mehr über das, was man sagen will, nachzudenken. Das steht ja schriftlich da. Anders ist es beim Sprechen nach Stichworten oder ohne Unterlagen. Dabei kommen viele Redner in Schwierigkeiten, weil sie sozusagen „dreispurig laufen" müssen:

1. Überlegen, was sage ich?
2. Überlegen, wie sage ich es?
3. Blickkontakt suchen und halten.

Der Zwang zum Blickkontakt stört den Redner beim Überlegen dessen, was er sagen will. Deshalb sieht er in die Luft, auf das Pult (wenn er eins hat), auf den Boden, auf den Stichwortzettel und spricht dabei – spricht also ohne Blickkontakt.

Das stört die Zuhörer. Diese Störung ist aber leicht zu beheben: Sie verlegen einfach das Überlegen über Ihre nächsten Worte in die Pausen. Hier ist das Schema:

1. Sie überlegen, was Sie sagen (ohne Blickkontakt). Sie sehen dabei auf Ihren Stichwortzettel oder über die Hörer hinweg – oder wohin Sie sonst wollen. (Natürlich nicht nach hinten oder aus dem Fenster!)
2. Wenn Sie wissen, was Sie sagen wollen, sehen Sie die Hörer an und sprechen.
3. Wenn Sie dann wieder über Ihre folgenden Ausführungen nachdenken müssen, sehen Sie wieder in Ihr Manuskript – oder wohin Sie sonst wollen – und überlegen, ohne zu sprechen.
4. Wie unter Punkt 2. beschrieben usw.

Sie werden merken, dass das Sprechen Ihnen auf diese Weise viel leichter fällt. Sie fahren nämlich jetzt nicht mehr dreispurig, sondern nur zwei- und einspurig:

- Während Sie sprechen, brauchen Sie nicht zu überlegen.
- Während Sie überlegen, brauchen Sie nicht zu sprechen.

Dadurch haben Sie Zeit und Mut zum Blickkontakt. Außerdem sind die zwangsläufig entstehenden größeren Pausen sehr wohltuend für die Zuhörer. Ich möchte noch einmal eindrücklich betonen, dass es bei einem Gespräch und auch bei einem Vortrag unbedingt notwendig ist, seine Zuhörer oder Gesprächspartner anzuschauen. Woher wollen Sie sonst wissen, wie die Partner auf das Gesprochene reagieren?

- Sind sie einverstanden?
- Lehnen sie den Sprecher und das, was er sagt, ab?
- Hören sie überhaupt zu?

Der Blickkontakt ist wie eine Nabelschnur. Er verbindet Sprecher und Hörer miteinander.

Wer nicht hersieht, hört nicht zu

Eines sollten Sie wissen: Wenn Sie versuchen, den Blickkontakt zu halten, wenn Sie also Ihre Zuhörer ansehen, dann hören Ihnen fast alle diejenigen, die Ihren Blick nicht erwidern, nicht zu. Noch sehr viel mehr Zuhörer hören Ihnen nicht zu, wenn Sie Ihrerseits den Blickkontakt gar nicht erst anbieten.

Natürlich sollen Sie, besonders in einem Gespräch, niemanden längere Zeit anstarren; das verunsichert den anderen – er zupft an der Krawatte oder fasst sich an die Frisur usw. Bei wenigen Zuhörern können Sie ruhig den Blickkontakt wechseln, mal den einen, mal den anderen ansehen. Bei nur einem Gesprächspartner suchen Sie – wenn Sie sprechen – den Blickkontakt und lösen ihn dann wieder, damit kein Anstarren daraus wird.

Wenn der andere spricht, können Sie ihn ruhig die ganze Zeit ansehen – also Blickkontakt mit ihm halten. Er hat dann das gute Gefühl, dass Sie ihm zuhören, sich für seine Meinung interessieren, ihn ernst nehmen. Bei einer großen Zahl von Zuhörern empfiehlt es sich, den Blick schweifen zu lassen. Obwohl Sie niemanden direkt ansehen, haben dann alle das Gefühl, beachtet zu werden. Das wirkt sich positiv auf die Beziehungsebene aus.

Wie können Sie sich dieses Sprechen mit Blickkontakt noch leichter machen? Durch eine besondere Art der Vorbereitung. Sehen Sie sich bitte das Manuskriptblatt auf Seite 45 an. Dieses Manuskript ist so aufbereitet, dass Sie jedes Wort und jede Zeile bequem aufnehmen und sprechen können. Das liegt an den großen Buchstaben (nicht Versalien), an den kurzen, nur über die halbe Seite geschriebenen Zeilen, die sich natürlich viel besser merken lassen als lange, über die ganze Breite geschriebene Zeilen, und an den vielen, durch Striche voneinander getrennten Absätzen, durch die Sie leichter wieder finden, wo Sie gerade sind.

„Ratschläge für einen schlechten Redner"
von Kurt Tucholsky

Fang nie mit dem Anfang an,
sondern immer drei Meilen vor dem Anfang!
Etwa so:

„Meine Damen und meine Herren!
Bevor ich zum Thema
des heutigen Abends komme,
lassen Sie mich Ihnen kurz …"

Hier hast du schon so ziemlich alles,
was einen schönen Anfang ausmacht:

---

eine steife Anrede;
der Anfang vor dem Anfang;
die Ankündigung,
dass und was du zu sprechen beabsichtigst,
und das Wörtchen „kurz".

So gewinnst du im Nu
die Herzen und die Ohren der Zuhörer,

---

denn das hat der Zuhörer gern:
dass er deine Rede
wie ein Schulpensum aufbekommt,

---

dass du mit dem drohst,
was du sagen wirst,
sagst
und schon gesagt hast,
immer schön umständlich.

Sinnabschnitte bilden

Und noch etwas – das Wichtigste: In jeder Zeile steht ein gewisser Sinnzusammenhang, der für sich allein gesprochen werden kann. Sie können darum ganz locker Zeile für Zeile lesen – und während des Sprechens Blickkontakt halten –, ohne befürchten zu müssen, dass eine Pause dort entsteht, wo keine hingehört.

Ihr Gesichtsausdruck

Wohin sehen wir zuerst, wenn wir einen Menschen kennen lernen? Zumeist in die Augen und in das Gesicht. Die Empfindung, die wir dabei haben, verdichtet sich sofort zu einem Vor-Urteil. Zum Beispiel: „Der Mann hat eine Nase wie Onkel Fritz. Onkel Fritz trinkt. Also ist dieser Mann ein Trinker." Und nach diesem Vorurteil urteilen wir dann und richten uns danach.

Der Gesichtsausdruck des Sprechers hat einen sehr großen Einfluss auf die Beziehungsebene zwischen Sprecher und Hörer.

Beispiel

Stellen Sie sich vor, Sie begrüßen hundert Personen. Zum Teil sind sie Ihnen bekannt, zum Teil nicht. Ungesehen nimmt eine Film- oder Videokamera diese hundert Begrüßungsvorgänge auf. Hinterher werten Sie die Aufnahmen aus. Sie werden dann feststellen, dass fast alle hundert Personen Ihren Gesichtsausdruck angenommen haben.

Die Mimik spiegelt die Stimmung

Wenn Sie mit einem freundlichen, entspannten Gesicht auf einen Menschen zugehen und ihm die Hand geben, so macht dieser Mensch fast immer auch ein entspanntes, freundliches Gesicht. Gehen Sie mit einem angespannten, ernsten Gesicht auf ihn zu, so macht auch er ein ernstes, angespanntes Gesicht. Der Gesichtsausdruck ist eine Funktion der inneren Stimmung, es besteht eine gegenseitige Abhängigkeit zwischen Gesichtsausdruck und Stimmung. Wenn die Stimmung wechselt, wechselt meistens auch der Gesichtsausdruck – und umgekehrt. Wenn Sie also durch die Art Ihrer Begrüßung den Gesichtsausdruck eines Menschen beeinflussen, dann beeinflussen Sie gleichzeitig auch seine innere Stimmung.

Ähnlich verhält es sich beim Sprechen. Wenn Sie in einem Gespräch, in einem Vortrag mit ernstem, angespanntem Gesicht sprechen, dann zeigen Sie meistens ein unfreundliches Gesicht; denn ein angespanntes Gesicht ist von einem unfreundlichen Gesicht fast nicht zu unterscheiden. Sie signalisieren Ihren Gesprächspartnern oder Hörern damit die ganze Zeit: „Unfreundlich – unfreundlich – unfreundlich" und beeinflussen dadurch deren Beziehungsebene Ihnen gegenüber negativ.

Selbst ein schwieriger wissenschaftlicher Vortrag, mit entspanntem, freundlichem Gesicht vorgetragen, wird besser verstanden, und die Zuhörer behalten dadurch mehr vom Inhalt, als wenn dieser Vortrag mit einem ernsten, feierlichen oder unfreundlich wirkenden Gesicht gesprochen wird.

Die meisten Menschen machen aber ein angespanntes und dadurch unfreundlich wirkendes Gesicht (Hemmungen, Konzentration), wenn sie ein wichtiges Gespräch führen oder einen Vortrag halten. Das schadet den zwischenmenschlichen Beziehungen und erschwert es, das Gesprächs- oder Vortragsziel zu erreichen.

Freundlichkeit ausstrahlen

In vielen Seminaren habe ich folgenden Versuch gemacht. Ich habe zweimal hintereinander einen kleinen Vortrag mit demselben Wortlaut gehalten, einmal mit angespanntem, „ernstem" Gesicht, einmal mit entspanntem, „freundlichem" Gesicht. In jedem dieser Seminare waren die Zuhörer einhellig der Meinung, mir bei meinem Vortrag mit freundlichem

Experiment

Gesicht wesentlich lieber zugehört zu haben. Sie meinten auch, außer dem Gesichtsausdruck noch andere positive Veränderungen bemerkt zu haben, zum Beispiel mehr und ausdrucksvollere Gesten und einen sympathischeren Klang der Stimme.

Das war ganz richtig beobachtet; denn wir wissen inzwischen, dass der Gesichtsausdruck die innere Stimmung beeinflusst. Wenn Sie Ihren Gesichtsausdruck in entspannte und freundliche Richtung verändern, dann verändern Sie auch Ihre innere Stimmung in Richtung entspannt und freundlich. Und das hat wiederum großen Einfluss auf Ihre gesamte Haltung, auf Ihre Gesten und Ihren Stimmklang und bringt folglich viele positive Punkte auf der Beziehungsebene. Ein chinesisches Sprichwort sagt:

„Ein freundliches Gesicht schlägt man nicht."

Ihre Körperhaltung

Keine Dressur Ein weiterer Ausdruck der Persönlichkeit ist die Körperhaltung und damit die restliche Körpersprache; denn Blickkontakt und Gesichtsausdruck gehören ja auch zur Körpersprache. Es gibt beim Sprechen so viele verschiedene Körperhaltungen, wie es Sprecher gibt. Und es gibt viele Seminare und Sprechlehrer, die versuchen, ihren Schülern ganz bestimmte Körperhaltungen aufzuzwingen, sie sozusagen zu dressieren. Das geht nicht gut. Das führt zu Verbiegungen der Persönlichkeit des betreffenden Menschen. Er wirkt unecht. Das stört wiederum die Zuhörbereitschaft.

Auch hier gilt der Maßstab: Stört die Körperhaltung die Zuhörbereitschaft der Hörer oder nicht? Stellen oder setzen Sie sich beim Sprechen so hin, wie es Ihnen angenehm ist. Das ist für Ihre Partner meistens nicht störend. Das gilt übrigens auch für die Haltung der Arme und der Hände.

Es gibt ein paar Haltungen, die störend wirken könnten. Die sollten Sie möglichst vermeiden. Beachten Sie folgende Punkte:

- Gewöhnen Sie sich an, leicht gegrätscht zu stehen und beide Füße gleichmäßig zu belasten.
- Belasten Sie die Füße nicht abwechselnd; sonst wirken Sie wie ein „schwankendes Rohr".
- Bringen Sie die Füße nicht in Schrittstellung; sonst besteht die Gefahr, dass Sie vor- und zurückpendeln.
- Schlagen Sie nicht einen Fuß um die Wade des anderen Beines oder stellen den Fuß seitwärts beziehungsweise nach hinten auf die Fußspitze, weil Sie so keinen festen Boden unter den Füßen haben. (Das geschieht oft hinter einem Pult.)
- Trippeln Sie nicht hin und her; das wirkt ängstlich.
- Gehen Sie nicht ziellos hin und her; das wirkt unruhig und stört.

Sie können durchaus gehen, wenn Ihnen das Stillstehen Schwierigkeiten bereitet. Aber Ihre Gänge müssen „gezielt" sein, das heißt, der Zuhörer (Zuschauer!) muss einen Sinn in Ihrem Gang entdecken: Wenn Sie zum Beispiel nach rechts vorne gehen, dann sprechen Sie die rechts sitzenden Zuhörer an. Wenn Sie mehr nach links vorne gehen, sprechen Sie mehr die links sitzenden Zuhörer an. Damit erreichen Sie oft, dass gerade die nicht angesprochene Seite besonders gut zuhört. (Natürlich nur für kurze Zeit!)

Sich gezielt bewegen

Wenn Sie hinter einem Pult stehen, lassen Sie bitte nie die Arme hängen. Je nachdem, wo die Zuhörer sitzen, sehen sie Ihren Körper aus verschiedenen Perspektiven: Sitzen sie weiter hinten, sehen sie mehr von Ihrem Oberkörper, sitzen sie weiter vorne, sehen sie weniger von ihm. Immer aber durchschneidet das Pult Ihren Oberkörper im Auge des Zuschauers an irgendeiner Stelle. Und diese Stelle teilt das Verhältnis des sichtbaren Körpers zum Pult fast nie im goldenen Schnitt – also nie harmonisch. Alles aber, was nicht harmonisch ist, wirkt disharmonisch und stört – also auch Ihr abgeschnittener Körper. Wenn Sie nun die Arme beziehungsweise Hände auf das Pult legen, wird diese Teilung unterbrochen, weil sie zu einem großen Teil von den Armen verdeckt wird. Ihren Oberkörper sollten Sie möglichst gerade halten. Das signalisiert Selbstbewusstsein. Locker und entspannt – also nicht verkrampft – sollte Ihre ganze äußere Haltung sein; denn nur so können Sie die innere – durch das Lampenfieber hervorgerufene – Verkrampfung lockern und beseitigen. Atmen Sie immer wieder durch, dann löst sich die Verkrampfung.

Wohin mit den Händen? Die Bewegungen der Arme und Hände gehören auch zur Körperhaltung. Wir alle finden unsere Hände sehr wichtig. Man kann sehr viel Schönes und Nützliches mit ihnen machen, und keiner von uns möchte sie entbehren. Wenn wir aber vor eine Gruppe von Menschen gestellt werden, um zu ihnen zu reden, dann haben wir plötzlich mit unseren Händen große Schwierigkeiten. Wir wissen nicht, wohin damit. Mal stecken wir sie in die Taschen, wenn wir welche haben, mal legen wir sie auf den Rücken, mal verschränken wir die Arme. Warum lassen wir sie nicht einfach hängen – wenn wir ohne Pult reden? So sind sie nämlich gewachsen. Doch dazu sind wir oft zu verkrampft.

Wenn Sie Schwierigkeiten mit der Haltung der Hände beim Reden haben sollten, dann empfehle ich Ihnen Folgendes: Nehmen Sie einen Zettel in die Hand. Da braucht gar nichts draufzustehen. Sie glauben gar nicht, wie gut Sie sich daran festhalten können. Ihre Hand ist untergebracht. Wenn sie nicht da wäre, würde ja der Zettel herunterfallen. Und das will niemand. Deshalb toleriert man ihn in der Hand. Die andere Hand können Sie dann leichter hängen lassen. Oder Sie stecken sie in die Tasche (wenn Sie sicher sind, dass dies Ihre Zuhörer nicht stört). Wenn Sie ganz ängstlich sind, können Sie den Zettel auch ruhig mit beiden Händen anfassen. Entscheidend ist auch hier wieder, ob Ihre Handhaltung für Ihre Partner unangenehm anzusehen ist oder nicht. Sie wissen schon: wegen der Beziehungebene.

Nun zur Gestik: In vielen Büchern und Seminaren wird gelehrt, man möge möglichst eindrucksvolle Gesten machen. Da gibt es Gesten der Zustimmung, der Ablehnung usw. Ich halte gar nichts davon. Manche Menschen machen nicht gerne Gesten. Denen liegt das nicht. Sollen diese Menschen sich etwa dazu zwingen? Sollen sie sich Gesten andressieren?

Eher sparsame Gesten

Keine Gesten stören nicht! Wenn jemand gut spricht und dabei keine Gesten macht, dann merken die Partner das gar nicht. Aber falsche Gesten, also solche, die angelernt sind und nicht von selbst kommen, die können unangenehm anzusehen sein und (unbewusst) die Zuhörbereitschaft stören. Darum meine Empfehlung: Vergessen Sie Gesten. Denken Sie überhaupt nicht daran. Die Gesten, die von selbst kommen, stimmen meistens. Sie entwickeln sich nämlich aus der eigenen Körperlichkeit und aus der eigenen geistigen Haltung. Einverstanden?

Es gibt viele kluge Bücher und Seminare über „Körpersprache". Ich habe mich damit nie so recht anfreunden können. Nach einiger Übung habe ich durchaus gelernt, zu sehen, ob die Körpersprache meines Partners mit dem, was er sagt, übereinstimmt. Nur: Ich kann mit der Erkenntnis wenig anfangen, denn ich muss mich ja an das halten, was er sagt.

Zusammenfassung

Mündliche Informationen, Ihre Botschaften, bringen Sie Ihren Zuhörern oder Gesprächspartnern mit Ihrer ganzen Persönlichkeit nahe. Ausdruck Ihrer Persönlichkeit sind Ihr Blick, Ihre Mimik und Ihre Körperhaltung.

Die Vorbereitung einer Rede

In der Vorbereitung liegt ein großer Prozentsatz des Erfolges.

Sowohl als Vorgesetzter wie auch als Mitarbeiter ohne Führungsverantwortung müssen Sie mehr oder weniger häufig vortragen oder referieren. Wenn es ein Thema ist, über das Sie gut Bescheid wissen, können Sie sich mit einigen Stichworten darauf vorbereiten. Ganz frei, also ohne Manuskript oder Stichworte, sollten Sie nicht sprechen. Gerade wenn Sie gut über ein Thema Bescheid wissen, besteht die Gefahr, dass Sie „vom Hundertsten ins Tausendste" kommen, sich in Einzelheiten verlieren.

Andererseits brauchen Sie immer dann ein ausgeschriebenes Manuskript, wenn Sie über das Thema nicht gut Bescheid wissen. Außerdem müssen Sie ja, wie Sie schon wissen, eine Gliederung machen und diese mit vortragen (bei Sachvorträgen, nicht bei meinungsbildenden Vorträgen oder Gesellschaftsreden; darauf gehe ich noch ein).

Was wollen Sie erreichen? Jedes Sprechvorhaben hat ein Ziel. Es wird ja für die Zuhörer (Zielpersonen) konzipiert und gesprochen. Der Sprecher will bei seinen Zuhörern etwas erreichen. Hinter jeder Rede, jedem Vortrag steckt also eine Absicht. Entscheidend ist, dass Sie sich vor jedem Vortrag ganz deutlich klar machen, was Sie erreichen wollen – welche Ziele Sie haben.

Redeziele Bei Vorträgen gibt es drei mögliche Ziele:
1. Informieren (Sachrede)
2. Beeinflussen (Motivationsrede, Meinungsrede)
3. Würdigen (Festrede)

Informieren heißt: etwas, was geschehen ist oder geschehen soll, so vorzutragen, dass möglichst viel davon im Gedächtnis der Hörer haften bleibt.

Beispiele:

Informieren

- Der wissenschaftliche Vortrag
- Die Schilderung eines Vorfalls
- Die Vorstellung eines Projektes

Beeinflussen heißt: die Hörer bewegen, etwas Bestimmtes zu tun oder zu denken.

Beispiele:

Beeinflussen

- Die politische Rede
- Das Plädoyer des Staatsanwalts oder des Verteidigers im Strafprozess
- Die Motivationsrede

Würdigen heißt: Menschen oder Institutionen zu feiern.

Beispiele:

Würdigen

- Die Jubiläumsrede
- Die Trauerrede
- Die Geburtstagsrede
- Die Abschiedsrede

Wie lange dürfen Sie sprechen? So kurz wie nur irgend möglich. Das Zuhörvermögen und die Zuhörbereitschaft vieler Menschen sind sehr begrenzt. Darum reden Sie nur über das, was für die Zuhörer wirklich wichtig und nützlich ist.

> Wer ein Thema erschöpfend behandelt, der erschöpft
> meistens nur die Zuhörer.

Überlegen Sie bei der Vorbereitung eines Vortrags also
immer:
1. Was will ich erreichen?
- Wenn Information: Worüber?
- Wenn Motivation (Beeinflussung): Wozu?
- Wenn Würdigung: Wofür?

2. Bei wem will ich es erreichen?
- Wer sind meine Zuhörer, meine Zielpersonen?
- Wen will ich also informieren oder beeinflussen oder
  würdigen?

3. Wie viel Zeit steht mir für den Vortrag zur Verfügung,
   oder wie viel Zeit will ich aufwenden?

„Rede" statt „Schreibe"

**Manuskript –
ja oder nein?** Sollen Sie den Vortrag ausschreiben, oder sollen Sie nach
Stichworten reden? Der Vortrag nach einem ausgeschriebe-
nen Manuskript hat natürlich einen großen Vorteil: Sie
können nicht stecken bleiben. So aufgeregt ist eigentlich
niemand, dass er nicht mit dem Finger auf der Zeile und mit
der Nase auf dem Blatt Wort für Wort ablesen könnte. Es hört
ihm dabei zwar niemand zu, aber Hauptsache ist, er bleibt
nicht stecken!

Doch die Nachteile sind enorm: Ein ausgeschriebenes
Manuskript ist nun mal eine „Schreibe" und keine Rede.
Und eine „Schreibe" hört sich nicht gut an. Man formuliert,
wie schon gesagt, zu lange Sätze, zu viele Nebensätze, ganz
andere Wortstellungen als in der Umgangssprache, viel mehr

Wörter aus dem passiven Wortschatz – also Wörter, die wir zwar kennen, aber beim Sprechen kaum verwenden.

Es gibt allerdings Situationen, in denen Sie ein ausgeschriebenes Manuskript brauchen: Dann nämlich, wenn Sie wenig von dem Thema verstehen, über das Sie sprechen wollen. Dann können Sie nicht nach Stichworten reden; dann brauchen Sie das ausgeschriebene Manuskript, das Sie so aufbereiten, wie auf Seite 45 beschrieben, und mit Blickkontakt vortragen. Wenn Sie (vielleicht aus Zeitgründen) das Manuskript nicht so formulieren können, dann können Sie sich auch folgendermaßen helfen:

Das notwendige Manuskript

Übung

Schreiben Sie das Manuskript halbseitig (nach rechts oder links versetzt).

Dann lesen Sie es laut | und zeichnen dort, |
wo eine Pause gemacht werden könnte, |
einen Längsstrich. | Beim Vortrag |
lesen Sie dann von Strich zu Strich, |
nehmen Blickkontakt auf | und sprechen das Gelesene. |
Außerdem könnten Sie |
auf den freien Teil der Seite Stichworte schreiben |
und nach diesen Stichworten sprechen. |
Wenn Sie sich unsicher fühlen, |
können Sie auf den ausgeschriebenen Text |
zurückgreifen.

Auch einen „normal" geschriebenen Text | können Sie mit Strichen versehen, | um ihn besser vortragen zu können. |
Aber das geht natürlich nicht so gut | wie beim halbseitig geschriebenen Text | mit großer Schrift.

Am wirkungsvollsten ist es jedoch, wenn Sie nach Stichworten reden. Das können Sie allerdings nur dann, wenn Sie den Inhalt dessen, was Sie vortragen wollen, beherrschen. Dazu benutzen Sie Stichwortzettel. Stichworte haben den großen Vorteil, dass Sie Ihr normales Deutsch reden und nicht Schriftdeutsch.

Übersichtlicher Stichwortzettel

Allerdings müssen die Stichwortzettel übersichtlich sein. Beschreiben Sie sie nur einseitig und nummerieren Sie die Stichworte. (Bei jedem Zettel beginnen Sie die Stichwortnummerierung wieder mit 1.)

Beispiel für einen Stichwortzettel (DIN A5):

Der Aufbau einer Rede

Bitte lachen Sie nicht, wenn ich Sie jetzt an Ihre Schulzeit erinnere. Jede Sachrede (und das sind die häufigsten) sollte man grundsätzlich in drei Teile zerlegen:

1. Einleitung
2. Hauptteil
3. Schluss

Die Einleitung

In der Einleitung fällt häufig schon die Entscheidung darüber, ob man Ihnen zuhört oder nicht. Und diese Entscheidung der Zuhörer hängt allein vom Redner ab – also von Ihnen. Die Erklärung ist einfach: In der Einleitung sind Sie noch nicht an den Stoff – also an Ihr Thema – gebunden. In der Einleitung können Sie im Prinzip noch sagen, was Sie wollen. Diese Freiheit können und sollten Sie dazu benutzen, um Ihre Zuhörer für sich – also für Ihre Person und damit für Ihr Thema – zu gewinnen.

Der Sprecher ist die Botschaft!

Wodurch können Sie das erreichen? Durch zwei Aussagen:

1. Indem Sie sich vorstellen (falls Sie den Zuhörern nicht bekannt sind).
2. Indem Sie etwas sagen, was die Zuhörer freut, was sie zu einer positiven Reaktion veranlasst („human touch").

Ihre Vorstellung

Zu Ihrer Vorstellung ist Folgendes zu sagen: Der Erfolg der Markenartikelwerbung beruht im Wesentlichen darauf, dass die Hausfrau im Selbstbedienungsladen nach den Artikeln greift, die sie kennt. Es ist eine menschliche Eigenschaft, das Bekannte dem Unbekannten vorzuziehen. Das Unbekannte erregt Misstrauen: „Das kenne ich nicht. Was steckt dahinter?"

Sie sind zu einer Party mit vielen anderen Personen eingeladen. Sie kennen niemanden und finden die Veranstaltung äußerst langweilig. Endlich kommt jemand, den Sie kennen, den Sie aber gar nicht leiden mögen. Trotzdem begrüßen Sie diesen Menschen wie einen guten Freund – aus Freude darüber, dass Sie endlich jemanden getroffen haben, den Sie kennen. So geht es auch Ihren Zuhörern, wenn Sie sich ihnen vorstellen.

Am Anfang etwas Nettes sagen Noch wichtiger ist, dass Sie während der Einleitungsphase etwas sagen, was Ihre Zuhörer freut, sie positiv berührt. Natürlich darf das Gesagte nicht gequält oder gewollt klingen. Sie müssen es sich gut überlegen; es ist ein wichtiger Bestandteil Ihrer Vorbereitung.

Was Sie sagen,
- muss zu Ihnen passen,
- hängt ab von der Zusammensetzung Ihrer Zuhörerschaft,
- muss den Hörern gut gefallen, muss sie freuen,
- hängt ab vom Thema beziehungsweise vom Ziel Ihrer Rede,
- muss diesem Ziel dienen, darf ihm nicht entgegenstehen.

Welche Möglichkeiten haben Sie?
- Sie können einen Witz oder eine Anekdote erzählen. Sie müssen jedoch berücksichtigen, dass dieser Witz oder diese Anekdote einen Bezug zu Ihrem Redethema haben muss, damit er oder sie zum Thema hinführt. Wenn sie nämlich etwas erzählen, das gar nichts mit Ihrem Thema zu tun hat, dann wird in den Zuhörern eine völlig falsche Erwartungshaltung aufgebaut. Das kann Unbehagen hervorrufen.
- Sie können etwas Freundliches über den Ort sagen, in dem Sie sprechen. Das hat natürlich nur Sinn, wenn die Zuhörer in diesem Ort wohnen und wenn das, was Sie sagen, auch stimmt.

■ Sie können sich freuen, dass so viele Zuhörer gekommen sind, oder auch darüber, dass Sie die Gelegenheit haben, über dieses Thema zu sprechen. Aber das können Sie nur sagen, wenn Sie es begründen: „Ich freue mich sehr, dass so viele gekommen sind. Ich freue mich deshalb, weil ich dieses Thema für überaus wichtig halte und mir sehr viel daran liegt, es Ihnen nahe zubringen."

„Ich freue mich, dass ich heute die Möglichkeit habe, zu Ihnen über ein Thema zu sprechen, das mir sehr am Herzen liegt und das für uns alle von großer Bedeutung werden könnte."

Eine Begründung für Ihre Freude ist notwendig; sonst werden Ihre Worte zur Floskel. Sie sollten sich bei diesem „human touch" nicht auf den Zufall verlassen, sondern ihn sorgfältig vorbereiten.

Die Anrede

Über sie würde ich mir an Ihrer Stelle nicht den Kopf zerbrechen – es sei denn, es ist eine hochoffizielle Veranstaltung und Sie haben die Aufgabe, die Gäste zu begrüßen. Für diesen Anlass gibt es ganz bestimmte Regeln, die eingehalten werden müssen, wie: Bundestagsabgeordneten vor Landtagsabgeordnetem, Politiker vor Beamten begrüßen usw. Es gibt einige sehr gute Bücher über Protokollfragen. In denen können Sie Näheres nachlesen. Die normale Anrede heißt immer noch: „Meine Damen und Herren!" Dazu gibt es noch Variationen, wie: „Sehr verehrte Damen, sehr geehrte Herren!" oder Ähnliches.

Anrede

Es werden immer wieder Versuche gemacht, von diesen Standardanreden wegzukommen. Aber nur wenige gelingen. Allzu sehr vom üblichen Schema abweichende Anreden stimmen nicht mit der Erwartungshaltung der Zuhörer überein und können stören. Deshalb empfehle ich Ihnen, es bei der konventionellen Anrede zu lassen und nur in Sonderfällen

(„Liebe Freunde") davon abzugehen. Bei jüngeren Menschen – Studenten und Schülern – wird überhaupt nicht mehr angeredet. Diese fangen oft gleich mit dem Text ihres Vortrags oder Referats an. Wenn Sie vor diesen Zielpersonen reden, empfehle ich Ihnen, dasselbe zu tun.

Die Angabe des Themas

Thema Es empfiehlt sich weiter, in der Einleitung Ihrer Rede anzugeben, über welches Thema Sie sprechen wollen und – bei Sachreden und Gesellschaftsreden – was Sie für ein Ziel haben. Bei meinungsbildenden Reden empfiehlt sich die Angabe Ihres Zieles nicht immer, weil sie vielleicht Ziele erreichen wollen, die Ihre Zuhörer ablehnen. Diese würden dann von vornherein abblocken, sich gestört fühlen, wenn ein Ziel genannt wird, das sie missbilligen. Da ist es besser, Ihre Zuhörer bekennen sich nach Ihrer Rede freiwillig zu Ihren Zielen.

Bitte halten Sie sich immer vor Augen: „Der Sprecher ist die Botschaft". So, wie Sie bei Ihren Zuhörern ankommen, wie Sie es verstehen, die Beziehungsebene zwischen sich und Ihren Zuhörern positiv zu gestalten, so wird auch Ihre Botschaft, der Inhalt Ihrer Rede, Ihr Redeziel aufgenommen. Um es noch einmal zu sagen: In der Einleitung entscheidet es sich meistens, ob man bereit ist, Ihnen Aufmerksamkeit zu schenken oder nicht. Je positiver die Beziehungsebene, desto höher die Bereitschaft, Ihnen zuzuhören.

Der Hauptteil

Im Hauptteil der Rede kommen Sie nun zu Ihrem eigentlichen Thema. Hier empfiehlt es sich, das zu tun, was ich über „Zuhörerfreundlich formulieren" geschrieben habe (vgl. S. 32).

Die Gliederung mitsprechen Sie sollten den Hauptteil einer Sachrede gliedern. Sprechen Sie diese Gliederung mit, am besten zweimal. Vielleicht sagen Sie gleich am Anfang des Hauptteils:

„Ich habe vor, über Folgendes zu sprechen:
1. Über unser neues Projekt xy
2. Über seine Realisierung
3. Über seine Erfolgschancen
Ich komme jetzt zu Punkt 1 : Unser neues Projekt xy.“ Nun haben die Zuhörer diesen Gliederungspunkt zweimal gehört.

Es ist erwiesen, dass eine doppelt mitgesprochene Gliederung zum besseren Verständnis beiträgt, weil die Zuhörer wichtige Punkte leichter behalten.

Wie Sie gliedern, hängt vom Thema ab. Es gibt meistens mehrere Möglichkeiten. Welche Sie wählen, ist nicht so wichtig wie die Tatsache, dass Sie überhaupt gliedern und diese Gliederung den Zuhörern verdeutlichen. Oft ist es möglich, nach Sachgebieten zu gliedern (wie oben) 1. Projekt, 2. Realisierung, 3. Erfolgschancen. Eine andere Möglichkeit ist, eine Gliederung nach der Systemanalyse vorzunehmen:
1. Bestandsaufnahme mit Prognosen erstellen (Situationsanalyse)
2. Ziele, die Sie aus der Bestandsaufnahme entwickeln
3. Maßnahmen, mit denen Sie diese Ziele zu erreichen gedenken

Hier im Hauptteil Ihrer Rede ist es besonders wichtig, dass Sie auch die anderen Regeln für zuhörerfreundliches Formulieren beachten und berücksichtigen.

Alle anderen Ratschläge, die ich durchaus noch geben könnte, sind problematisch; denn ob Sie Gründe und Beweise, Beispiele, Vergleiche, Zeugenaussagen, Argumente usw. bringen und welche Sie auswählen, hängt ausschließlich von Ihrem Thema und von Ihrem Redeziel ab. Beides kenne ich natürlich nicht.

Schluss

Der Schluss Ihrer Rede ist besonders wichtig; denn was am Schluss gehört wird (hoffentlich), wird am längsten behalten. Oft wird nur der Schluss behalten, weil die Hörer während des Hauptteils geschlafen oder an etwas anderes gedacht haben. Deswegen ist es wichtig, den Schluss ebenso sorgfältig vorzubereiten wie die Einleitung und den Hauptteil – vielleicht sogar noch sorgfältiger. Sie haben am Schluss die Möglichkeit, noch einmal ein Miniaturmodell dessen zu zeigen, was Sie eigentlich wollen – eine deutliche Zusammenfassung Ihres Redeziels.

Der Schluss als Baustein Bei meinungsbildenden Reden oder Redeteilen schließt sich daran häufig ein Aufruf an, sich im Sinne Ihres Redeziels zu verhalten, zum Beispiel den vorgeschlagenen Kandidaten zu wählen, einen bestimmten Gegenstand zu kaufen, den Vorschlag anzunehmen oder abzulehnen usw. Ein guter Schluss kann eine mäßige Rede herausreißen. Ein schlechter Schluss kann eine gute Rede entwerten. Deswegen sollten Sie den Redeschluss wie einen Baustein vorbereiten, den Sie jederzeit als Schluss einsetzen können. Es kommen ja durchaus Fälle vor, bei denen Sie gezwungen werden, früher zu enden: zum Beispiel, weil Ihre Vorredner die Redezeit überzogen haben und nun das Essen schon auf dem Tisch steht.

> **Wenn Sie den Schluss sorgfältig vorbereitet haben, können Sie ihn auch dann bringen, wenn Sie noch mitten in Ihrer Rede stecken. Sie haben so trotzdem noch eine gute Abrundung und einen guten Abgang.**

Es gibt Redner, die erreichen einen besonders wirkungsvollen Schluss durch eine Geschichte oder eine Anekdote, durch einen Vergleich oder eine witzige Pointe. Das ist gefährlich. Je besser die Schlusspointe ist, desto sicherer wird sie von den Zuhörern behalten und desto mehr lenkt sie vom eigentlichen Redeziel ab. Man könnte von einer Art „Vampireffekt" sprechen. Die gute Anekdote oder Pointe saugt der Rede das Blut (Redeziel) aus. Man sollte sie nur verwenden, wenn sie ganz eng mit dem Redeziel verbunden ist.

Nach Stichworten reden

Jetzt können Sie testen, ob Sie ohne Schwierigkeiten nach Stichworten reden können:

Übung

Bitte bilden Sie aus den fünf Wörtern jeder der nachfolgenden Zeilen eine zusammenhängende Geschichte. Die Reihenfolge, in der Sie die Wörter verwenden, spielt dabei keine Rolle.

1. Skat – Margarine – Seminar – Kirchturm – Bett
2. Schornsteinfeger – Katze – Produzent – Uhr – Zahnarzt
3. Gartenzaun – Überzeugung – Pferdeapfel – Gericht – Streuselkuchen
4. Meer – Elefant – Salatschüssel – Marktforscher – Oberförster
5. Rechtsanwalt – Pferd – Regenwurm – Mathematik – Leidenschaft

---

Ich mache es mit den Wörtern der ersten Zeile einmal vor:

„Ich nahm an einem Seminar teil, das ziemlich langweilig war. Infolgedessen vertrieben sich die Teilnehmer die Zeit mit Skatspielen. In der Nähe des Gebäudes, in dem das Seminar stattfand, stand eine Kirche mit einem hohen Turm. Wenn ich nachts im Bett lag und schlafen wollte, störte mich das Schlagen der Uhr am Kirchturm. Die Verpflegung bei dieser Seminarveranstaltung war auf Gesundheit abgestellt. So gab es zum Beispiel außer Butter auch Margarine als Brotaufstrich."

Sprechdenken Sie sehen, es braucht keine hochgeistige Geschichte zu sein. Hauptsache ist, dass Sie die fünf Wörter jeweils in einen sinnvollen Zusammenhang bringen. Bitte verwenden Sie auf jede Wortfolge nicht mehr als zwei bis drei Minuten Zeit. Sehen Sie, es ging recht gut. Sie hatten fast keine Schwierigkeiten. Das heißt, Sie können „sprechdenken" – also Ihre Gedanken während des Sprechens entwickeln. Und das ist die Voraussetzung für das Sprechen nach Stichworten.

Sie haben aus fünf völlig unzusammenhängenden Wörtern, die gar nichts miteinander zu tun hatten, eine zusammenhängende Geschichte gemacht – und das gleich mehrere Male. Dann können Sie doch erst recht aus fünf oder zehn oder fünfzehn oder zwanzig oder noch mehr Worten, die einem bestimmten Sachverhalt angehören, einem Thema, das Sie beherrschen, eine zusammenhängende Geschichte, also einen Vortrag, eine Rede machen.

Sollte die Übung beim einen oder anderen von Ihnen nicht so gut oder gar nicht geklappt haben – was sehr selten vorkommt – so ist das auch kein Unglück. Es gibt durchaus Menschen, die haben diese Fähigkeit zum „Sprechdenken" eben nicht oder nicht sehr ausgeprägt. Die brauchen dann immer ein ausgeschriebenes Manuskript und können – bei Beachtung der Regeln – doch ausgezeichnete Redner sein.

Aus dem Stegreif reden

Wie ist es mit der Stegreifrede? Wenn Sie sozusagen „aus dem hohlen Bauch" zu etwas Stellung nehmen müssen? Das passiert ja oft, zum Beispiel in einer Besprechung: Sie werden nach Ihrer Meinung zu dem Tagesordnungspunkt gefragt, der gerade besprochen wird. Ihre Antwort ist dann nichts anderes als eine Meinungsrede aus dem Stegreif. Sie werden von einem Kunden, Ihrem Erbonkel, Ihrem Chef angerufen, und er will wissen, wie Sie zu einem ganz bestimmten Sachverhalt stehen, oder Ihr Mitarbeiter fragt Sie nach Ihrer Meinung in

einer ganz bestimmten Angelegenheit. Immer ist Ihre Antwort eine Rede aus dem Stegreif – also unvorbereitet. Wie
können Sie in diesen Situationen möglichst schnell und möglichst genau Ihre Gedanken oder auch Ihre Gefühle ordnen
und ausdrücken?

Dabei hilft Ihnen die so genannte *Standpunktformel*:

1. Stufe: Mein Standpunkt
2. Stufe: Begründung meines Standpunktes
3. Stufe: Beispiele für meinen Standpunkt
4. Stufe: Schlussfolgerung aus 1. bis 3.
5. Stufe: Bitte, Aufruf, Appell, sich im Sinne meines Standpunktes zu verhalten

**Die Standpunkt-
formel**

Diese fünf Stufen lassen sich leicht behalten. Sie sollten sie
stets bereithaben. Ich werde Ihnen ein Beispiel geben:

*Es geht darum, in Ihrem Unternehmen ein neues Gerät ein-
zuführen. Der Vorstand oder ein Fachausschuss fordert Ihre
Stellungnahme. Diese könnte wie folgt aussehen:*

Beispiel

1. *Ihr Standpunkt: „Meine Meinung ist ‚Ja‘. Wir sollten dieses
   Gerät unbedingt einsetzen."*
2. *Begründung: „Und zwar aus folgendem Grund: Das Gut-
   achten von Professor X hat zweifelsfrei nachgewiesen, dass es
   möglich ist, durch den Einsatz dieses Gerätes den Ausstoß zu
   steigern und gleichzeitig die Kosten zu senken."*
3. *Beispiele: „Sie kennen unseren Mitbewerber A. Er hat dieses
   Gerät seit etwa anderthalb Jahren im Einsatz; und wir wissen alle, dass es A mithilfe dieses Gerätes geschafft hat, weit
   besser abzuschneiden als im Vorjahr.*
   *Ähnliche Erfahrungen sind uns von den Firmen B und C
   bekannt. Nicht vergessen möchte ich die Firma D, die Pleite
   gemacht hat. Sie hatte das Gerät nicht im Einsatz."*
4. *Schlussfolgerung: „Aus all dem geht doch deutlich hervor,
   dass auch wir um den Einsatz dieses Gerätes nicht herum-
   kommen, wenn wir weiter konkurrenzfähig bleiben wollen."*

5. Aufforderung: „Ich würde es deshalb sehr begrüßen, wenn wir dieses Gerät einsetzen könnten; und ich schlage vor, die notwendigen Gelder zu bewilligen."

Ein großer Teil meiner ehemaligen Seminarteilnehmer hat diese Standpunktformel in ihrem Notizbuch stehen, um sie im Bedarfsfall einsetzen zu können. Diese Standpunktformel ist auch sehr geeignet als Gliederung für einen meinungsbildenden Vortrag. Durch diese fünf Punkte haben Sie einen roten Faden, an dem Sie Ihre Gedanken ordnen können. Merken Sie sich diese fünf Punkte. Es ist ganz einfach.

Die Standpunktformel nützt Ihnen natürlich nichts, wenn Sie keinen Standpunkt haben.

Mit Lampenfieber umgehen

Haben Sie Schwierigkeiten, sich mit Ihrer Familie zu unterhalten oder mit Ihren Nachbarn – wenn Sie nicht gerade Streit haben? Oder mit Kolleginnen und Kollegen? Nein, wahrscheinlich nicht. Haben Sie Schwierigkeiten, zu sprechen, wenn Sie vor einer Gruppe stehen? Auf einem Podium? Ja? Warum haben Sie Schwierigkeiten? Es sind doch genau dieselben Leute, mit denen Sie sonst auch sprechen. Alle Ihre Zuhörer sind Familienmitglieder, Nachbarn oder Kolleginnen und Kollegen; also genau dieselben Menschen, mit denen Sie einzeln ohne Probleme sprechen können. Warum haben Sie dann Probleme, vor der Gruppe zu sprechen, und bei Einzelpersonen nicht? Weil Sie Angst haben. Angst, sich zu blamieren.

Angst vor der Blamage Wenn wir vor mehreren Leuten sprechen, fühlen wir uns beobachtet und haben Angst, uns zu blamieren. Wir wissen nämlich: Unsere Zuhörer erwarten etwas von uns. Sie haben eine ganz bestimmte Erwartungshaltung. Und wir fürchten

– haben Angst –, dieser Erwartungshaltung nicht zu entsprechen. Nun hat uns die Natur etwas wirklich Gutes gegen die Angst in die Wiege gelegt: die Stresshormone. Tritt solch ein Angstzustand auf, sendet das Gehirn Signale aus an verschiedene Drüsen, vor allem an die Nebenniere. Diese Signale lauten: Stresshormone ausschütten! Und das geschieht dann auch. Diese Stresshormone bauen blitzschnell Fett und Zucker ab, um Energien freizusetzen. Diese Energien brauchte schon der Urmensch, um Gefahren zu entrinnen: Entweder angreifen = Aggression, um den anderen eher totzuschlagen, als dieser ihn totschlagen konnte; oder weglaufen = Flucht, um so der Gefahr, also dem Grund für die Angst, zu entgehen. Außerdem haben die Stresshormone noch eine andere wohltuende Wirkung: Sie blockieren bestimmte Schaltungen im Gehirn. Der betreffende Mensch – oder besser: der betroffene Mensch – kann kurzfristig nicht denken. Das ist von der Natur so gewollt, damit der Mensch instinktiv handelt; denn Nachdenken kostet Zeit – die Zeit, die der Mensch braucht, um die Gefahr abzuwenden.

Was passiert also, wenn wir vor anderen sprechen müssen, ein schwieriges Gespräch führen, einen Vortrag halten müssen? Wir haben Angst. Angst, uns zu blamieren. Angst, die Erwartung der anderen, mit oder zu denen wir sprechen, nicht zu erfüllen. Und nun setzt der ganze Mechanismus ein:

Angst ⟹ Gehirnsignale an Drüsen ⟹ Stresshormone ⟹ Freisetzen von Energien.

Denkblockaden

Die Energie, um der Gefahr zu entgehen, haben wir nun. Aber es ist gesellschaftlich nicht legitimiert, die, zu denen wir sprechen sollen, totzuschlagen. Es ist auch völlig unerwünscht, dass wir weglaufen und die Zuhörer stehen oder sitzen lassen. Und die Denkblockade ist unserem Sprechvorhaben auch nicht gerade sehr förderlich.

Wir stehen also da – hilflos. In uns toben die freigesetzten Energien, die wir nicht verwenden dürfen. Einfallen tut uns auch nichts. Die Hände werden feucht. Schweiß steht auf der Stirn. Die Knie zittern usw. Diesen Zustand nennt man Lampenfieber. (Das ist ein Ausdruck aus der Theaterwelt. Wenn die Bühnenlampen angehen, bekommt der Schauspieler Angst, ob auch alles klappen wird.) Was können Sie gegen dieses Lampenfieber tun? Zunächst einmal die beruhigende Erkenntnis:

Etwas Lampenfieber ist gut. Es zwingt Sie zu stärkerer Konzentration, um es zu überwinden. Und diese Konzentration kommt dem ganzen Sprechvorhaben zugute. Sie sprechen mit etwas Lampenfieber einfach besser.

Aber wenn es so stark ist, dass Sie sich nicht konzentrieren können; wenn das eintritt, was ich gerade geschildert habe – Kniezittern, Schwarz-vor-den-Augen-Werden usw. – dann müssen Sie etwas dagegen unternehmen. Und das ist gar nicht so schwer. Sie wissen ja: Die Ursache des Lampenfiebers ist Angst, sich zu blamieren. Da erhebt sich die Frage: Wo und wie kann man sich denn überhaupt beim Sprechen blamieren? Sie werden sehen: Die Möglichkeiten zur Blamage sind durchaus überschaubar. Hier sind sie:

1. Risiken, die Sie schon während der Vorbereitung beseitigen können

Risiken kalkulieren Zunächst gibt es die Risiken und damit Blamagemöglichkeiten, die schon lange vor dem Vortrag bekannt sind, die Sie also vermeiden können:

■ Ungenügende Vorbereitung
Wodurch können Sie dieses Risiko vermeiden? Durch Vorbereitung! Nur durch Vorbereitung! Haben Sie sich nicht

genügend vorbereitet, hilft Ihnen nichts gegen Ihre Angst. Vorbereitet müssen Sie sein, sonst haben Sie mit Recht Angst und Lampenfieber.

▪ Falsche Vorbereitung

Sie wollen zum Beispiel über ein bestimmtes Thema reden. Sie gehen davon aus, dass Ihre Zuhörer nichts oder nur wenig über das Thema wissen. Sie fangen sozusagen bei „Adam und Eva" an. In Wirklichkeit wissen Ihre Zuhörer aber schon viel über dieses Thema. Sie kennen das alles schon, was Sie ihnen erzählen. Das stört natürlich die Zuhörbereitschaft ungemein. Die Zuhörer schalten ab, und der Blamagefall ist da.

Oder umgekehrt: Ihre Zuhörer wissen so gut wie gar nichts über das Thema, das Sie in Ihrem Vortrag behandeln wollen. Aber Sie gehen davon aus, dass die Hörer schon viel davon wissen, gut informiert sind. Sie setzen also in Ihrem Vortrag große Vorkenntnisse voraus. Jetzt stoßen Sie natürlich auf Unverständnis; Ihre Zuhörer verstehen Sie nicht. Das stört die Zuhörbereitschaft ebenfalls. Die Zuhörer schalten ab.

Was können Sie dagegen machen? Wie können Sie verhindern, dass Sie sich falsch vorbereiten?

Überlegen oder erkundigen Sie sich, wer Ihre Zuhörer sind. Wie viel sie schon wissen. Wie sie zu Ihrem Thema stehen. Wie sie zu Ihrer Person stehen. Wie Sie Ihr Redeziel bei diesen Zuhörern am besten erreichen können. Welche Argumente und Fakten für diese Zuhörer besonders wirkungsvoll sind.

▪ Technische Mängel

Der Teufel steckt im Detail. Nummerieren Sie zum Beispiel immer die Seiten Ihres Vortragsmanuskripts beziehungsweise Ihrer Stichwortzettel. Sie merken vielleicht nicht, wenn Sie Seiten vertauscht haben. Aber Ihre Zuhörer merken es!

Tücken der Technik

Alle elektrischen und elektronischen Geräte wie: Tageslichtprojektoren, Diaprojektoren, Computer, Videokameras und Videorekorder, Mikrofone usw. haben die Tendenz, zu versagen, wenn man sie braucht. Wenn Sie also so einen Apparat bei Ihrem Vortrag einsetzen wollen, dann probieren Sie ihn vorher aus. (Sie müssen aber damit rechnen, dass er trotzdem versagt.)

2. Risiken während des Vortrags

Plötzliche Störungen Jetzt kommen wir zu den Risiken und zu den durch diese Risiken entstehenden Ängsten, die während des Vortrags – also beim Reden – auftreten können:

■ Zwischenrufe oder Zwischenfragen
Der Berufsredner hört sofort auf zu reden, wenn ein Zwischenruf kommt, und hört ihn in Ruhe an. Dann überlegt er sich:
„Kann ich diesen Zwischenruf oder die Zwischenfrage kurz beantworten, das heißt in ein bis zwei Sätzen? Oder brauche ich mehr Zeit? Muss ich längere Ausführungen machen?"
Wenn er kurz antworten kann, dann tut er es. Wenn die Antwort länger dauern würde, dann verschiebt er sie an den Schluss. Er sagt: „Vielen Dank für den Hinweis. Darf ich in der Diskussion darauf zurückkommen?"
Oder: „Vielen Dank für die Frage. Könnten wir uns nachher darüber unterhalten?"
Warum verschiebt der professionelle Redner die länger dauernde Antwort auf eine Zwischenbemerkung an den Schluss? Er tut das, weil er sonst seinen „roten Faden" verlieren würde. Er hat sich ja ein Konzept gemacht, hat alle wichtigen Argumente und Fakten zum Erreichen seines Redeziels eingebaut. Nun passt das, was er aufgrund der Zwischenbemerkung sagen müsste, nicht in sein Konzept. Außerdem besteht die Gefahr, dass er seine Redezeit überschreitet.

Übrigens: Auf unsachliche oder beleidigende Zwischen-
bemerkungen gehen Sie am besten gar nicht ein, sondern
sprechen einfach weiter, als ob der Zwischenruf gar nicht
gemacht worden wäre. Nicken Sie dem Zwischenrufer
flüchtig – aber freundlich – zu.

▨ Unruhe bei den Zuhörern
Geschieht das, machen die meisten Redner den Fehler,   **Unruhe**
dass sie lauter sprechen, um die Unruhe zu übertönen.
Jetzt fühlen sich die Zuhörer in ihrer Unterhaltung gestört
und werden auch lauter. Das bringt also nichts.
Was meistens – wenigstens vorübergehend – hilft, ist:
leiser sprechen. Dann wird oft wieder zugehört, weil ja
vielleicht doch etwas Wichtiges bei dem sein könnte, was
Sie sagen, und das möchte man sich nicht entgehen lassen.
Aber es hilft meist nur vorübergehend; denn Ihre Zuhörer
haben ja einen Grund für ihre Unruhe. Den müssen Sie
herausfinden.
Fragen Sie: „Ich habe das Gefühl, Sie hören mir nicht mehr
richtig zu. Darf ich fragen, woran das liegt?"
Dann hören Sie schon, was los ist. Das Geheimnis ist:
Freundlich bleiben. Keine Wirkung zeigen. Nicht ärgerlich
werden. Nicht ärgerlich wirken.

▨ Zuhörer verlassen den Raum
Das braucht Sie überhaupt nicht zu stören. Entweder müs-
sen diese mal, oder sie fühlen sich nicht wohl, oder sie
wollen ein dringendes Telefonat führen usw. Auf keinen
Fall hat das etwas mit Ihnen oder Ihrem Vortrag zu tun.
Sie können es sowieso nicht ändern.

▨ Stecken bleiben
Davor hat ein Redner die größte Angst. Gehen wir davon
aus, Sie haben sich wirklich gut vorbereitet und bleiben
trotzdem stecken, Sie wissen nicht weiter, Sie haben einen
„Blackout". Kündigen Sie eine Zusammenfassung an:

„Lassen Sie mich jetzt einmal zusammenfassen …"
Dann fassen Sie zusammen, was Sie bisher gesagt haben.
Wenn Sie schon lange gesprochen haben, dann fassen Sie
den letzten Abschnitt zusammen. Meistens stellt sich dann
der rote Faden wieder ein; beziehungsweise Sie gewinnen
Zeit zu überlegen, wie es weitergeht.

Zum Schluss noch ein weiterer Tipp zur Reduzierung des
Lampenfiebers:

Wenn Sie nach Stichworten reden, dann schreiben Sie die
ersten und die letzten drei bis vier Sätze Ihres Vortrags voll
aus (aber bitte keine „Schreibe", sondern eine „Rede"!) und
reden dazwischen nach Stichworten. Gerade am Anfang hat
man oft die meiste Angst. Und ein guter Schluss ist auch
nicht zu verachten.

Zusammenfassung

Sie sprechen immer für andere. Die Art, wie Sie sprechen, kann die
Beziehungsebene sehr stark positiv oder negativ beeinflussen.
Bei positiver Beziehungsebene haben Sie es viel leichter, sich auf der
Sachebene – also mit dem, was Sie eigentlich wollen – durchzusetzen.
Bereiten Sie sich deshalb gut auf Ihre Rede vor! Fragen Sie sich,
was Sie erreichen wollen und für wen Sie sprechen. Gliedern Sie
Ihre Rede sinnvoll. Sprechen Sie bei einer Sachrede die Gliederung
mit, damit die Zuhörer Ihnen leichter folgen können. Sprechen Sie,
auch wenn es um ein ernstes Sachthema geht, niemals Schriftdeutsch. Vermeiden Sie fachsprachliche Ausdrücke, es sei denn, Sie
sprechen vor einem Fachpublikum, und achten Sie auf kurze Sätze.
Lampenfieber können Sie durch eine gute Vorbereitung bekämpfen,
indem Sie sich auf mögliche Risiken einstellen.

2. Partnerbezogen zuhören

„Man muss gut zuhören können,
wenn man Mitarbeiter motivieren will."

LEE IACOCCA

Sie können Ihre Ziele nur erreichen, wenn jeder, der Ihnen dabei helfen soll oder muss, Ihnen zuhört. Das wird er im Allgemeinen nur dann tun, wenn Sie es ihm leicht machen, wenn also keine wesentlichen Störungen seiner Zuhörbereitschaft vorliegen. Wie Sie das schaffen, wurde im vorherigen Kapitel, „Partnerbezogen reden" (1. Regel) eingehend dargestellt.

Zeichen von Desinteresse Auch Sie selbst sollten, um sich Ihre Arbeit zu erleichtern (positive Beziehungsebene), partnerbezogen zuhören. Bitte gehen Sie in sich: Wie verhalten Sie sich (häufig) als Vorgesetzter, wenn Ihr Mitarbeiter etwas zu Ihnen sagt, was Sie nicht interessiert oder was Ihnen „gegen den Strich geht"? Etwa so?

- Sie schalten ab oder denken an etwas anderes.
- Sie unterbrechen ihn.
- Sie zeigen sich desinteressiert und sehen (zum Beispiel) aus dem Fenster.
- Sie sehen auf die Uhr.
- Sie trommeln mit den Fingern auf dem Tisch.
- usw.

Dann verhalten Sie sich ganz und gar nicht partnerbezogen. Ihr Gesprächspartner merkt bald, dass Sie das, was er sagt, nicht interessiert; oder dass Sie es sogar ablehnen. Sie würden das im umgekehrten Fall ja auch merken. Natürlich freut er sich nicht darüber, genauso wenig, wie Sie sich darüber freuen würden. Es handelt sich hier um ganz eindeutige körpersprachliche Signale, eine Art körpersprachliche Demonstration der „Arroganz der Macht". Diese Signale werden fast nur von Führungskräften gesendet, die dadurch oft die Chance verspielen, die Mitarbeiter für ihre Meinung zu gewinnen. Sie brauchen aber Ihre Mitarbeiter. Ohne diese erreichen Sie Ihre Ziele nicht. Warum sie also verletzen? Eine relativ kleine Verhaltensänderung Ihrerseits – und schon besteht die Chance, sie für Sie und Ihre Ziele zu gewinnen.

Umgekehrt sollten Sie als Mitarbeiter Ihrem Vorgesetzten auch partnerbezogen zuhören, um ein angenehmes Gesprächsklima zu schaffen und eigene Interessen leichter durchzusetzen.

Sichtbar zuhören

Zuhören allein genügt aber nicht. Sie müssen Ihrem Partner zeigen, dass Sie ihm zuhören, sonst merkt er es nicht.
- Sehen Sie ihn an, wenn er zu Ihnen spricht.
- Zeigen Sie ein aufmerksames Gesicht.
- Zeigen Sie durch Kopfschütteln, Nicken, Achselzucken, Lächeln usw., dass Sie am Ball sind, dass Sie sich für das interessieren, was der andere sagt, dass Sie also seine Meinung ernst nehmen, auch wenn Sie sie nicht teilen.

Das freut Ihren Gesprächspartner, das nimmt ihn für Sie ein. Das schafft eine positive Beziehungsebene. Das baut ein „Sympathiefeld" auf. Das macht ihm auch Mut, noch mehr von sich mitzuteilen. Und je mehr Sie von ihm erfahren und über ihn wissen, je besser Sie seine Meinung kennen, umso besser können Sie, wenn nötig, dagegen argumentieren.

Eine weitere Möglichkeit, Ihrem Gesprächspartner deutlich zu machen, dass Sie zuhören, ist folgende:

Partnerbezogen wiederholen

Partnerbezogenes Wiederholen, an den richtigen Stellen eingesetzt, signalisiert Ihrem Partner: „Ich habe dich verstanden." Darüber hinaus zeigt es eventuell sogar die Bereitschaft zur „Revision der eigenen Meinung", was Hans-Georg Gadamer als eine der Voraussetzungen für ein gelingendes Gespräch betrachtet.

Zeichen von Aufmerksamkeit

Sie haben vielleicht schon einmal an sich selbst beobachtet, dass Sie bei einem Gespräch, einer Diskussion oder einer Verhandlung angenehm berührt waren, wenn Ihr Gesprächspartner etwas wiederholte, was Sie gerade gesagt hatten. Sie dachten: „Der ist aber aufmerksam, der interessiert sich für das, was ich sage, der nimmt meine Meinung ernst." Und schon fanden Sie ihn recht sympathisch und waren dann durchaus bereit, auch ihn anzuhören. So geht es fast jedem Menschen.

Diese Technik des partnerbezogenen Wiederholens ist einfach: Sie unterbrechen Ihren Gesprächspartner – möglichst am Ende eines Gedankenganges –, um dann mit Ihren eigenen Worten das zu wiederholen, was er gerade gesagt hat. Sie leiten dieses Wiederholen ein mit Redewendungen wie:

- „Wenn ich Sie richtig verstanden habe …"
- „Sie meinen also …"
- „Ihrer Ansicht nach …" usw.

Unterbrechungen werden fast immer als ärgerlich empfunden, nur nicht in diesem Fall. Im Gegenteil. Fast jeder findet es angenehm, wenn Gedanken, die er gerade geäußert hat, wiederholt werden. Nachdem Sie wiederholt haben und der Partner widerspricht nicht oder äußert Zustimmung, antworten Sie auf das Gesagte.

Wichtig: Lassen Sie beim Wiederholen nicht durch Mienenspiel, Betonung oder Worte erkennen, dass Sie mit dem, was gesagt wurde, nicht einverstanden sind.

Neutrale Wiederholung

Ihre Wiederholung soll ganz neutral nur den Inhalt dessen wiedergeben, was gesagt wurde, ohne Entstellung oder Veränderung, mit Ihren eigenen Worten – eventuell abgekürzt und verdichtet.

Hier zwei Beispiele partnerbezogenen Wiederholens:

Vorgesetzter: „Ich bin in letzter Zeit gar nicht zufrieden mit Ihnen. Dauernd kommen Beschwerden bei mir an, dass Sie sich bei den Außenstellen wie ein kleiner Herrgott aufspielen. Wenn das Ihre Auffassung von Teamarbeit ist, dann bedanke ich mich!" (Machtdiktat, wird noch erläutert)

Beispiel 1

Mitarbeiter: „Wenn ich Sie richtig verstanden habe, sind Sie mit mir nicht mehr zufrieden. Es sind Beschwerden von Außenstellen über mich eingegangen, aus denen Sie entnehmen, dass ich es an der notwendigen Teamarbeit habe fehlen lassen. Ist das richtig?"

Vorgesetzter: „Ja, das habe ich gesagt."

Mitarbeiter: „ Es ist mir sehr unangenehm, dass dieser Eindruck entstanden ist. Das habe ich wirklich nicht gewollt. Es liegt wahrscheinlich daran, dass ich mich oft darüber ärgere, wenn unsere Vorschläge auf geringes Verständnis stoßen und die Kollegen wenig kooperativ sind. Dann rastet man schon mal aus."

Statt sich aufzuregen, hat der Mitarbeiter das wiederholt, was der Vorgesetzte gesagt hat. Damit hat er das Machtdiktat (von dem später noch die Rede sein wird) entschärft und seinem Chef sozusagen die Aggression aus dem Kopf genommen. Nach der Wiederholung und der Bestätigung durch den Vorgesetzten antwortet er mit Ich-Aussagen und trifft mit seiner Antwort auf einen wesentlich milder gestimmten Partner.

Aggressionen dämpfen

Sie sehen, es geht darum, mit eigenen Worten, ohne Entstellung, das zu wiederholen, was der Partner sagte. Sollte die Stimmung immer noch gereizt sein, könnten weitere Wiederholungen helfen. Versuchen Sie es möglichst bald einmal. Vielleicht bei Ihrem nächsten kontroversen Gespräch mit Ihrem Partner/Ihrer Partnerin, mit Ihren Kindern, Ihrem Chef, Ihrem Mitarbeiter. Es gelingt natürlich nicht immer – Menschen sind keine Maschinen, die auf Knopfdruck funktionieren –, aber meistens.

Beispiel 2 A.: *„Ich finde diesen ganzen Werberummel zum Auswachsen. Wo man hinsieht: Nur Reklame! Stellt man das Fernsehen an – Reklame! Die Zeitungen bestehen fast nur noch aus Anzeigen. Ich meine, das gehört verboten. Wir wissen doch allein, was wir wollen und was wir brauchen. Die wollen uns doch mit ihrer Werbung bloß manipulieren, damit wir etwas kaufen, was wir gar nicht brauchen!"*

B.: *(der ganz anderer Auffassung ist, aber Aggressionen vermeiden will): „Diese ganze Reklame oder Werbung stört dich. Du bist der Auffassung, Werbung gehöre verboten. Wir wüssten schließlich allein, was für uns gut ist, und brauchten uns deshalb nicht durch Werbung verleiten zu lassen, etwas zu kaufen, was wir gar nicht wollen. Ist das richtig?"*

A.: *„Ja, durchaus, so ist es!"*

B.: *„Da bin ich etwas anderer Meinung. Ohne Werbung wüssten wir über viele nützliche Dinge überhaupt nicht Bescheid. Außerdem macht die Werbung interessante Artikel so bekannt, dass sie häufiger gekauft werden. Dadurch können sie in größeren Stückzahlen hergestellt und dadurch billiger angeboten werden. Außerdem …"*

Sie sehen, durch das partnerbezogene Wiederholen bleibt – trotz gegensätzlicher Meinungen – das Gespräch aggressionsfrei. Natürlich können Sie das partnerbezogene Wiederholen nicht ein ganzes Gespräch hindurch anwenden. Das würde Ihren Partner irritieren. Außerdem würde das Gespräch dadurch sehr in die Länge gezogen.

Gelegenheiten zum partnerbezogenen Wiederholen Im Gegensatz zu allen auf „Sieg" getrimmten pseudodialektischen Gesprächstechniken lässt sich das partnerbezogene Wiederholen von beiden Gesprächspartnern – sogar gleichzeitig – anwenden, denn es dient ja nicht der unlauteren Manipulation oder dem Mundtot-Machen des Partners. Bei welchen Gelegenheiten können Sie das partnerbezogene Wiederholen einsetzen, wenn es auch nicht durchgängig anwendbar ist?

- Wenn ein Gespräch droht, scharf und unkontrolliert zu werden
  (Die Atmosphäre beruhigt sich dadurch.)
- Wenn das Verhandlungsklima unterkühlt ist
  (Die Atmosphäre wird dadurch wärmer.)
- Wenn Sie nicht richtig verstanden haben oder Ihr Partner sich unklar ausgedrückt hat
  (Durch Ihre Wiederholung, die in diesem Fall nicht korrekt wiedergibt, was der andere gesagt hat, wird Ihr Partner veranlasst, sich deutlicher auszudrücken.)
- Wenn Sie noch nicht genau wissen, was Sie antworten sollen
  (Während Sie wiederholen, haben Sie Zeit zu überlegen.)
- Wenn Sie den Partner unterbrechen wollen, ohne ihn zu verärgern
  (Über die Wiederholung dessen, was er gesagt hat, freut sich Ihr Partner.)
- Wenn Sie wollen, dass Ihr Partner weiterspricht, also noch mehr sagt
  (Er hat dann das Gefühl, Sie noch nicht ausreichend informiert zu haben.)

Eine weitere Möglichkeit des partnerbezogen Zuhörens, mit der Sie dem anderen zeigen, dass Sie an seiner Meinung und an seiner Person interessiert sind, nutzen Sie, wenn Sie auf seine Gefühle eingehen. Das heißt, dass Sie

- dem Partner Mut machen, gefühlsmäßige und sachliche Zusammenhänge näher zu beschreiben.
- dem Partner ermöglichen, sich über gefühlsmäßige und sachliche Zusammenhänge überhaupt erst klar zu werden.
- dem Partner ermöglichen, die eine Sache begleitenden Gefühle erst einmal loszuwerden, um dann emotionsloser über die Sache selbst sprechen zu können.

Genau das Gegenteil erreichen Sie, wenn Sie die Gefühle des Partners analysieren, bewerten, kritisieren oder ablehnen.

Es gibt übrigens gar nicht so viele Gefühlsäußerungen. Hier ist eine Liste, die besonders auch für die Ich-Aussagen auf Seite 103 ff. gilt:

Ansprechen von Partnergefühlen	Ich-Aussagen	Ansprechen von Partnergefühlen	Ich-Aussagen
Sie fühlen sich: Sie sind:	Ich fühle mich: Ich bin:	Sie fühlen sich: Sie sind:	Ich fühle mich: Ich bin:
Ärgerlich		Niedergeschlagen	
Außer sich (mir)		Ratlos	
Belastet		Übergangen	
Betrogen		Unfair behandelt	
Eingeengt		Ungeduldig	
Entsetzt		Unglücklich	
Frustriert		Unschlüssig	
Gehemmt		Unverstanden	
Geschockt		Verärgert	
Gestört		Verletzt	
Gestresst		Verstört	
Hintergangen		Verunsichert	
Im Stich gelassen		Verwirrt	
Lächerlich gemacht		Wütend	

Zusammenfassung

Partnerbezogen zuhören bedeutet sichtbar zuhören. Zeigen Sie dem Partner durch Signale wie Blickkontakt, Nicken oder Kopfschütteln, ein bestätigendes „Hmm", dass Sie aufmerksam sind für das, was er sagt. Wiederholen Sie ab und an das Gehörte in eigenen Worten. Damit signalisieren Sie dem anderen, dass Sie ihn ernst nehmen, und begegnen gleichzeitig Missverständnissen. Eine sehr vertrauensbildende Methode des partnerbezogenen Zuhörens ist das Ansprechen von Partnergefühlen. Hüten Sie sich dabei vor Bewertungen!

3. Partnerbezogen formulieren

„*Lass einen Menschen erkennen,
dass du sein Freund bist,
und du hast keine Schwierigkeiten,
ihn zu überzeugen.
Zeig ihm das Gegenteil,
und du bist machtlos.*"

ABRAHAM LINCOLN

Bevor ich zur Erklärung und Anwendung dieser 3. Regel komme, sollten wir uns mit dem Entstehen und den Auswirkungen von unkontrollierten Aggressionen beschäftigen.

Die Gefahr unkontrollierter Aggressionen

Aggressionen – ein Erbe aus der Urzeit Viele Menschen (vielleicht auch Sie?) sind oft aggressiv, ohne es zu merken und zu wollen. Wie kommt das? Die Neigung zu Aggressionen ist eine allgemein menschliche Eigenschaft. In grauer Vorzeit war ein aufbrausendes Temperament ein oft entscheidender Vorsprung zum Überleben. Heute ist das anders. Heute können sich die wehren, an denen wir unsere Emotionen, zum Beispiel Aggressionen, ausleben und auslassen. Sie haben durch Gesetzgebung und gesteigertes Selbstwertgefühl die Möglichkeit und auch die Kraft dazu. Wir können andere auch nicht mehr durch die Schnelligkeit oder Unvorhersehbarkeit unserer Emotionen ausschalten. Deshalb kann eine solche unkontrollierte Aggressivität unangenehme Folgen haben, weil sie Menschen, auf die wir angewiesen sind, zu unseren Feinden macht.

Aggression wird häufig durch eine für notwendig gehaltene Verteidigungshaltung aktiviert – also durch die Abwehr wirklicher oder vermeintlicher Angriffe. Als Angriff fassen es manche Menschen auf, wenn jemand in einer ihnen wichtigen Sache eine andere Meinung hat als sie. Die meisten Menschen schätzen das nicht, ja, sie vertragen es oft nicht. Sie nehmen dem anderen seine abweichende (falsche!) Meinung übel. Ich glaube, das betrifft uns fast alle. Es kommt gar nicht selten vor, dass wir in dem Menschen, der eine andere Meinung hat als wir, einen persönlichen Feind sehen. Dann gilt es, die eigene (richtige!) Meinung zu verteidigen und durchzusetzen. Das führt zu Aggressionen.

Es ginge ja noch, wenn wir uns auf die Verteidigung unserer Meinung beschränken würden. Aber nein, wir trachten danach, die andere (falsche!) Meinung schlecht zu machen, sie zu attackieren, ja, den Menschen mit dieser falschen Meinung anzugreifen. Jetzt wird dieser angegriffene Mensch natürlich ebenfalls aufgebracht, verteidigt seine Meinung, greift seinerseits unsere Meinung und auch uns persönlich an. Ist einer der beiden Gesprächspartner hierarchisch – oder aus anderen Gründen – schwächer als der andere, gibt es wahrscheinlich keinen Streit, sondern der Schwächere resigniert und schweigt.

Das kommt häufig vor. Es ist aber für den Stärkeren, der sich (scheinbar) durchgesetzt hat, durchaus nicht förderlich; denn der „Besiegte" (so empfindet es der Schwächere) ist – wie jeder Verlierer – in seinem Selbstwertgefühl verletzt. Damit ist dem, der Sieger ist – oder besser: weil er Sieger ist – überhaupt nicht gedient. Er hat sich durch seinen Sieg die Möglichkeit verbaut, den anderen zu seiner Meinung zu bekehren. **Scheinsiege im Meinungsstreit**

Ein durch Sie aggressiv oder resigniert gestimmter Partner ist wahrscheinlich so mit der Verteidigung seiner eigenen Meinung oder mit der Trauer über die Verletzung seines Selbstwertgefühls beschäftigt, dass er nicht in der Lage ist, Ihre Meinung, Ihre Argumente auch nur anzuhören. Der schwächere, resignierende Partner hat zwar scheinbar Ihre Meinung akzeptiert, weil er nichts mehr dagegen sagt, aber er fühlt sich, wie schon gesagt, verletzt. Verletztes Selbstwertgefühl will aber fast immer geheilt werden. Also wird er vermutlich versuchen, sich zu rächen. **Jeder Sieg zeugt neuen Krieg**

Wie unkontrollierte Aggressionen entstehen
In den letzten 10.000 Jahren (einer menschheitsgeschichtlich kurzen Zeitspanne) wuchs die Weltbevölkerung von etwa fünf Millionen auf etwa fünf Milliarden Menschen. Damit **Entwicklung von Gefühls- und Sozialleben**

waren rapide Veränderungen unseres Soziallebens verbunden. Das Gefühlsleben der Menschen hat sich aber in dieser Zeitspanne kaum verändert. Mit anderen Worten: Wir gehen an unsere heutigen Probleme mit einer emotionalen Ausrüstung heran, die auf die Bedürfnisse des Erdzeitalters Diluvium – also für die Zeit vor ca. zwei Millionen Jahren – ausgerichtet ist. Einem rapide und einschneidend veränderten Sozialleben steht also ein unverändertes, den heutigen Verhältnissen nicht gewachsenes Gefühlsleben gegenüber. Wie macht sich das bemerkbar?

Schauen wir uns dazu einmal die Arbeitsweise unseres Gehirns an. Was geschieht mit den Signalen, die wir von der Außenwelt empfangen? Wie werden sie verarbeitet? Augen, Ohren und die anderen Sinnesorgane senden die durch sie empfangenen Signale zunächst zum Thalamus. Das ist der Gehirnteil, der diese ankommenden Signale in die Sprache des Gehirns übersetzt. Der Thalamus schickt dann den größten Teil dieser übersetzten Signale zu den Hirnteilen, die für Hören, Sehen usw. zuständig sind. Dort werden sie dann analysiert und ihre Bedeutung geprüft, um anschließend Handlungen zu ermöglichen.

Emotionale Reaktionen des Gehirns Sollte das Ergebnis dieser Prüfung eine emotionale Reaktion notwendig machen, sendet der betreffende Gehirnteil ein Signal zum so genannten Mandelkern. Dieser Mandelkern ist der Speicher für aus grauer Vorzeit überkommene emotionale Erinnerungen und Erfahrungen. Er wird aufgefordert, die Emotionszentren einzuschalten.

Ganz wichtig: Neben diesem Weg über die zuständigen Gehirnteile gibt es noch einen direkten Weg (Nervenstrang) vom Thalamus zum Mandelkern. Auf diesem Weg sendet der Thalamus einen kleineren Teil der übersetzten Botschaft direkt zum Mandelkern. Das geht erheblich schneller als der Umweg über die zuständigen Hirnteile.

Das heißt: Noch ehe die anderen betroffenen Gehirnteile verstanden haben, worum es eigentlich geht, reagiert der Mandelkern bereits. Er veranlasst unter Umständen eine diffuse emotionale, zum Beispiel aggressive Vorab-Reaktion, die ihm aufgrund seiner gespeicherten (Uralt-)Erfahrungen notwendig erscheint. Dabei fällt die Kontrolle durch den Verstand unter den Tisch. Die zugrunde gelegten Erfahrungen sind unter Umständen Millionen Jahre alt, treffen also heute überhaupt nicht mehr zu, weil sie noch auf das primitive Überleben in der Urzeit ausgerichtet sind. Das sollten wir wissen, da es manche unserer uns selbst oft unverständlichen Reaktionen erklärt.

Wie können wir nun, wenigstens im Ansatz, diese spontanen Vorab-Reaktionen des Mandelkerns verhindern? Durch Warten. Durch Pausen. Wir sollten die Spontanreaktionen zurückhalten, unterdrücken, bis die anderen betroffenen Gehirnabteilungen analysiert und reagiert haben und wir zum Beispiel begreifen, dass der Verursacher unserer unkontrollierten Emotionen ein Recht auf seine Meinung hat – und wir also besser daran täten, nicht aggressiv zu reagieren.

Dieses Warten oder Pausenmachen fällt Ihnen naturgemäß leichter, wenn Sie der inneren Überzeugung sind, jeder Mensch habe das Recht auf seine Meinung.

Zusammenfassung

Unsere Gefühle werden durch Programme im Gehirn (Mandelkern) gesteuert, die aus der Urzeit stammen und Spontan-Reaktionen veranlassen, die für viele Anforderungen heute unbrauchbar sind. Hier entstehen auch Aggressionen. Wenn Sie sich dessen bewusst sind, können Sie zumindest teilweise mit Ihren Emotionen umgehen und Ihre Aggressionen im Zaum halten.

Machtverteilung und Gesprächsausgang

Um, wie im vorigen Kapitel angesprochen, Ihre unkontrollierten Aggressionen im Gespräch zu beherrschen, müssen Sie vor jeder wichtigen Unterredung dreierlei überlegen:
1. Wie ist die Machtverteilung? (Wer ist stärker?)
2. Ein Sieg über den Gesprächspartner schadet.
3. Habe ich Ermessensspielraum, oder muss das Gesprächsziel erreicht werden? Im Einzelnen:

Wie ist die Machtverteilung?

Gesprächspositionen Bei jedem kontroversen Vortrag oder Gespräch gibt es drei mögliche Machtkonstellationen:
1. Sie und Ihre Zuhörer oder Gesprächspartner sind gleich stark. (Es gibt keine Führungsposition.)
2. Sie sind schwächer als Ihre Zuhörer oder Gesprächspartner. (Die anderen führen.)
3. Sie sind stärker als Ihre Zuhörer oder Gesprächspartner. (Sie führen.)

In der Vergangenheit mussten Sie sich, je nachdem, in welcher Position Sie sich befanden, eine Strategie zurechtlegen, mit der Sie versuchten, sich durchzusetzen. Mit dem partnerbezogenen Führen beziehungsweise partnerbezogenen Verhalten besteht die große Chance, in jeder der drei Positionen den Gesprächspartner gewaltlos für sich zu gewinnen.

Ein Sieg über den Gesprächspartner schadet

Weiter sollten Sie sich vor jedem Gespräch oder Vortrag – ganz gleich, wie die Machtverhältnisse sind – immer wieder sagen, dass ein Sieg über den Gesprächspartner oder ein Niederknüppeln der Zuhörer für Sie schädlich sein kann.

Unter „Sieg" verstehe ich in diesem Zusammenhang: überreden, „überfahren", austricksen, zwingen, erpressen, befehlen, diktieren, einschüchtern usw. Damit verletzen Sie unter

Umständen das Selbstwertgefühl der anderen und bringen sie gegen sich auf. Das erschwert einen für Sie positiven Ausgang des Gesprächs beziehungsweise eine positive Reaktion der Zuhörer. Es ist gescheiter, den oder die anderen für Sie und Ihre Position zu gewinnen.

Welcher Gesprächsausgang ist vorbestimmt?

Neben den Überlegungen: „Welche Machtverteilung?" und: „Ein Sieg schadet" sollten Sie vor jedem wichtigen Gespräch (für Vorträge trifft das weniger zu) überlegen: „Welcher Gesprächsausgang ist vorbestimmt?"

Da gibt es nämlich nur zwei Möglichkeiten, darüber sind sich viele nicht im Klaren:

Gesprächsziel offen oder festgelegt?

1. Gespräche, bei denen das Ziel, also der Gesprächsausgang, von vornherein unwiderruflich und unveränderlich feststeht, bei denen es keine Abweichungen und keine Kompromisse geben kann; bei denen man gezwungen ist, das vorgegebene Ziel zu erreichen.
   Beispiele: Entlassungsgespräche, Versetzungsgespräche, Kritik- und Beurteilungsgespräche.

2. Gespräche, deren Ausgang offen ist, bei denen Sie sich zwar auch Ziele setzen müssen, aber in dem Bewusstsein, dass einige dieser Ziele nicht erreicht werden können. Das heißt, dass Sie während des Gesprächs (oder vorher schon zurechtgelegt) neue Ziele beziehungsweise Kompromisse finden müssen. Beispiele: Problemlösungsgespräche, Schlichtungsgespräche, Gehaltsgespräche (manchmal).

Sie sollten also vor jedem kontroversen Gespräch folgende Überlegungen anstellen:

- Welches sind meine Gesprächsziele? (Was will ich erreichen?)
- Muss ich diese Ziele erreichen oder habe ich Ermessensspielraum?

- Was mache ich, wenn ich gezwungen werde, meine Ziele aufzugeben?
- Welche neuen Ziele setze ich mir? Welche Kompromiss-möglichkeiten gibt es?
- Und besonders wichtig: Wie vermeide ich das Machtdiktat (siehe folgender Abschnitt) beziehungsweise wie begegne ich ihm, wenn der Gesprächspartner es anwendet?

Ich habe für das folgende Beispiel die Machtkonstellation 1 gewählt, bei der beide Gesprächspartner gleich stark sind. Außerdem handelt es sich um ein Problemlösungsgespräch. Der Gesprächsausgang ist also offen. Bitte übertragen Sie dieses Beispiel auf Ihre speziellen Situationen:

Beispiel: *Sie sind Betriebsleiter eines Fertigungsbetriebes und brauchen*
Gleich starke *dringend einen zusätzlichen Ingenieur. Ihr Gesprächspartner ist*
Partner *der Personalchef, der die Befugnis hat, den Mann einzustellen. Hierarchisch sind Sie beide gleichberechtigt. Zur Wahl stehen zwei Bewerber: Herr X, ein erfahrener, älterer Ingenieur, und Herr Y, ein jüngerer Ingenieur mit ähnlicher Qualifikation wie X, aber ohne dessen berufliche und menschliche Erfahrung. Ihr Gesprächsziel ist es, den Ingenieur X einzustellen. Der Personalchef, der sparen muss, will den Ingenieur Y einstellen, der erheblich weniger kostet als X.*

Jetzt gibt es vier Möglichkeiten des Gesprächsausgangs:
1. *Der Personalchef siegt, Sie verlieren, weil Sie Ihr Gesprächsziel, X einzustellen, nicht erreichen.*
2. *Sie siegen, der Personalchef verliert, weil er sein Gesprächsziel, Y einzustellen, nicht erreicht.*
3. *Das Gespräch geht unentschieden aus. Beide erreichen ihre Gesprächsziele nicht.*
4. *Sie gewinnen den Personalchef für Ihr Gesprächsziel, das Sie damit erreichen.*

Bei den folgenden Gesprächsbeispielen für alle vier Möglichkeiten zeichne ich jeweils nur die entscheidende Gesprächsphase auf (Sie sind L., der Personalchef ist P.):

1. Möglichkeit: Der Personalchef siegt, Sie verlieren.

P.: „Also, Herr Leser, so kommen wir nicht weiter. Sie wissen ganz genau, dass die Geschäftsleitung uns alle – ich betone: alle! – zu äußerster Sparsamkeit verpflichtet hat, also auch Sie."

L.: „Und ich bin für den reibungslosen Fertigungsablauf verantwortlich. Dazu brauche ich den X."

P.: „Sie können doch nicht bestreiten, dass der Y das auch leisten könnte."

L.: „Das nicht, nein, aber …"

P.: „Nun sehen Sie, da sind wir uns ja einig; und ich kann der Geschäftsleitung melden, dass wir voll im Sparprogramm liegen."

Leser hat wahrscheinlich Gründe – welche auch immer – , jetzt nachzugeben. Aber er hat sein Gesprächsziel nicht erreicht und ist verletzt, weil er „überfahren" wurde.

2. Möglichkeit: Sie siegen, der Personalchef verliert.

L.: „Also jetzt platzt mir doch der Kragen! Sie wollen wirklich von mir verlangen, jemanden einzustellen, von dessen Qualifikation ich nicht überzeugt bin?"

P.: „Na, so ist das ja nicht. Die Qualifikation ist bei beiden gleich; und das bisschen Erfahrung hat der Y schnell drauf."

L.: „Aber auf Kosten der Qualität! Wollen Sie es verantworten, jemand einzustellen, der uns unter Umständen schaden könnte? Ich möchte wirklich gerne wissen, wie Sie das der Geschäftsleitung gegenüber vertreten wollen!"

Hier können wir wohl abbrechen, denn der Personalchef gibt vermutlich nach. Jetzt haben Sie (Leser) Ihr Gesprächsziel erreicht. Aber um welchen Preis?! Der Personalchef ist sauer *auf Sie (verletztes Selbstwertgefühl) und wird sich vermutlich irgendwann an Ihnen rächen. Das sollten Sie lieber nicht riskieren.*

3. Möglichkeit: Das Gespräch endet unentschieden.
P.: „Was sollen wir uns streiten, Herr Leser: Lassen wir doch die Geschäftsleitung entscheiden."

Auch dieser Gesprächsausgang ist für Sie unbefriedigend. Erstens haben Sie Ihr Gesprächsziel nicht erreicht, und zweitens erwecken Sie bei Ihrer Geschäftsleitung den Eindruck, ohne deren Hilfe nicht zurechtzukommen.

4. Möglichkeit: Leser gewinnt den Personalchef.
L.: „Wenn ich Sie recht verstanden habe, Herr P., dann ziehen Sie Herrn Y vor, weil er weniger Geld fordert."
P.: „Ja, so ist es. Y ist zwar nicht ganz so erfahren wie X, aber das wird sich ja im Lauf der Zeit ändern."
L.: „Darauf möchte ich mich nicht gern verlassen. Ich bin unbedingt der Meinung, das der Beste für uns gerade gut genug ist; und das ist nun mal der X."
P.: „Ich bitte, mich auch zu verstehen. Ich habe von der Geschäftsleitung strengstes Spargebot. Da kann ich eigentlich gar nicht anders, als auf Y zu bestehen."
L.: „Natürlich verstehe ich das. Ich überlege nur, wie ich Sie davon überzeugen kann, dass der Teurere, Qualifiziertere wahrscheinlich auch der Preiswertere ist. Er verursacht weniger Pannen, arbeitet effizienter und leitet seine Mitarbeiter besser an."
P.: „Da ist sicher was dran. Aber wir können es vorher nicht wissen. Könnten Sie nicht an anderer Stelle etwas einsparen?"

Hier können wir abbrechen; denn es sieht ganz so aus, als ob sich die Herren einigen würden.

Was war bei diesem letzten Gespräch anders als bei den vorherigen Gesprächen? Leser hat sein Verhalten geändert. Er hat
– und das war entscheidend – die Meinung des Personalchefs
ernst genommen, hat sie respektiert und hat ihm das auch
sehr deutlich gezeigt. („Natürlich verstehe ich das.") Wie
sieht diese Verhaltensänderung nun im Einzelnen aus? Leser
hat die vorangegangenen (hier nicht aufgeführten) Ausführungen des Personalchefs zusammengefasst mit der
Äußerung: „Wenn ich Sie richtig verstanden habe, dann …"
(Partnerbezogene Wiederholung). Dadurch zeigte er ihm,
dass er zugehört hatte, sich also für seine Meinung interes-
sierte, sie ernst nahm. Damit wurde die Beziehungsebene
zwischen beiden Partnern sehr viel positiver, als sie vorher
war. Der Personalchef fühlte sich verstanden und reagierte
entsprechend entgegenkommend: „Ja, so ist es … " Auf die
von ihm nicht akzeptierte Bemerkung des Personalchefs:
„… aber das wird sich ja im Lauf der Zeit ändern", antworte-
te Leser mit Ich-Aussagen; das heißt, er griff die Aussage
des Personalchefs nicht an, sondern sagte: „Darauf möchte
ich mich nicht verlassen … " und: „Ich bin der Meinung … "
Das stimmte den Personalchef positiv, und er bat um
Verständnis: „Ich bitte, mich auch zu verstehen … " In dieser
aggressionsfreien Atmosphäre begründete Leser dann
seinen Vorschlag mit einleuchtenden Argumenten: „… der
Qualifiziertere ist wahrscheinlich auch der Preiswertere." Der
Personalchef, der nicht angegriffen wurde, brauchte sich
also nicht zu verteidigen, lenkte weitgehend ein und bat, um
sein Gesicht zu wahren, um einen Kompromiss: „Könnten Sie
nicht an anderer Stelle etwas einsparen?"

Leser hat gezeigt, dass er die andere (abweichende) Meinung
ernst nimmt. Er hat sie nicht angegriffen, nicht schlecht gemacht, sondern hat sie im Raum stehen lassen und dadurch
dem Gesprächspartner signalisiert, dass er ihm das Recht auf
seine Meinung zugesteht. Das ist nicht nur klug und erfolgreich, sondern entspricht auch der allgemeinen, sogar im

**Verhaltensände-
rung im Beispiel**

Verhalten und Bewusstsein Grundgesetz verankerten Auffassung (nach der sich leider viele nicht richten), dass jeder Mensch das Recht auf seine Meinung hat. Dann hat er seine eigene, andere Meinung vorgebracht, die der Personalchef durchaus wohlwollend anhörte und prüfte, da er – und das war entscheidend – seine eigene (nicht angegriffene) Meinung nicht zu verteidigen brauchte. Ein solches Verhalten kann niemals glaubhaft sein ohne das entsprechende Bewusstsein. Das heißt, eine Verhaltensänderung setzt eine Bewusstseinsänderung voraus.

Nur wenn Sie tief innerlich überzeugt davon sind, dass jeder Mensch das Recht auf seine Meinung hat, nur dann werden Sie Ihr Gesprächsverhalten überzeugend ändern können.

Das fällt Ihnen gar nicht so schwer, wenn Sie immer wieder bedenken, dass Sie persönlich ganz großen Wert darauf legen, eine eigene Meinung haben zu dürfen, und sehr ungehalten sind, wenn jemand diese Meinung oder Ihr Recht darauf angreift.

Zusammenfassung

Es gibt in Gesprächssituationen drei mögliche Machtkonstellationen:
- Sie und Ihr(e) Partner sind gleich stark. Dann hat keiner eine Führungsrolle inne.
- Sie sind stärker als Ihr(e) Partner, führen demnach.
- Ihr Partner ist stärker. (Er führt.)

Diese Machtverteilung hat Einfluss auf Ihre Durchsetzungsmöglichkeiten.

Der Gesprächsausgang kann offen oder vorherbestimmt sein. Beides beeinflusst den Verlauf des Gesprächs:
- Einer von Ihnen siegt und der andere verliert.
- Keiner siegt, da Sie beide nicht Ihr Gesprächsziel erreichen.

■ Sie gewinnen, indem Sie sich durchsetzen, ohne dass der andere das Gesicht verliert.

Das Machtdiktat

Es ist schon wiederholt angesprochen worden: das Machtdiktat, das eine besonders unheilvolle Rolle in der menschlichen Kommunikation spielt. Dieses Machtdiktat ist eine Versuchung, die meist den überkommt, der – zum Beispiel aus hierarchischen Gründen – stärker ist als sein Gesprächspartner. Erinnern Sie sich an den vorherigen Abschnitt: Bei der zweiten Möglichkeit in der Machtverteilung (Sie sind hierarchisch schwächer) wird Ihr (stärkerer) Gesprächspartner, bei der dritten Möglichkeit (Sie sind hierarchisch stärker) werden Sie selbst versucht sein, den anderen zu besiegen, also das Machtdiktat anzuwenden. Fast jeder, der stärker und mächtiger ist als sein Gesprächspartner, neigt dazu, mit der „Arroganz der Macht" zu sprechen. Das heißt, er formuliert „nicht umkehrbar", in einer Art und Weise also, in der der Schwächere ihm gegenüber keinesfalls reden dürfte.

Macht
⬇
Arroganz
⬇
Machtdiktat
⬇
Sieg
(Niederlage des Gesprächspartners)

Ein grobes Beispiel für ein Machtdiktat ist der Vorwurf: „Da haben Sie ja mal wieder schönen Mist gebaut!" Etwas feiner formuliert, aber genauso ein Machtdiktat, ist die Äußerung: „Das stimmt nicht, was Sie sagen!"

**Machtdiktate
treffen die Person**

Beide Aussagen treffen die Person des Gesprächspartners (nicht die Sache) und verletzen sein Selbstwertgefühl. Er kann sich nicht dagegen wehren, weil er der Schwächere ist und Repressalien befürchten muss. Diese Äußerungen sind wie alle Äußerungen des Machtdiktats nicht umkehrbar. Sie selbst würden sich ebenfalls verletzt fühlen, wenn andere Ihnen gegenüber so sprechen würden.

Die Beziehung zwischen Gesprächspartnern, zum Beispiel zwischen Mitarbeiter und Vorgesetztem, kann durch Machtdiktate nachhaltig vergiftet werden. In vielen Fällen wird sich der Besiegte irgendwann und irgendwie auf seine Weise rächen, vor allem, wenn das Machtdiktat häufiger eingesetzt wird. Jeder Sieg bringt fast immer neuen Krieg hervor, und eine solche Reaktion ist weder für den Führenden noch für den Angeleiteten förderlich. Auch bei Reden oder Vorträgen kann das Machtdiktat eingesetzt werden. Wenn zum Beispiel der führende Redner seinen Hörern eine für diese unangenehme Entscheidung mitteilt, die ohne die Betroffenen gefällt wurde.

Warum Machtdiktat?

**Machtdiktate
sind bequem**

Die wenigsten setzen das Machtdiktat aus Bosheit ein. Oft ist es Unbeherrschtheit (Mandelkern!), oft auch nur Gedankenlosigkeit oder Bequemlichkeit. (So geht es am schnellsten.) Manchmal, das möchte ich mit Nachdruck betonen, erfolgt es auch aus Verantwortungsgefühl dem Unternehmen oder der Institution gegenüber. Jede Führungskraft hat schließlich Sachziele zu erfüllen. Jeder Vorgesetzte erwartet von seinen Mitarbeitern, dass sie ihm helfen, bestimmte Ziele zu erreichen, die er ihnen vorgegeben hat. Es kann jedoch sein, dass einer der Mitarbeiter diese Ziele nicht für richtig hält oder eine andere Vorstellung von den Wegen hat, auf denen diese Ziele erreicht werden sollen, als sein Chef. Nun hat dieser aber die Ziele wiederum vor der Geschäftsführung oder einer anderen Führungsebene zu verantworten und/oder er ist überzeugt von der Richtigkeit dieser Ziele. Also muss er den Mitarbeiter zur Hilfe bei der Zielerreichung „zwingen", und das geht am einfachsten und schnellsten durch das Machtdiktat.

Nachteile des Machtdiktats

Der Einsatz des Machtdiktats spart unter Umständen Zeit, kann aber große Nachteile mit sich bringen: Der, gegen den das Machtdiktat eingesetzt wird, fühlt sich als Verlierer, denn er wird zu etwas gezwungen, was er nicht will.

Wer sich besiegt fühlt, dessen Selbstwertgefühl wird verletzt. Wessen Selbstwertgefühl verletzt wird, der fühlt sich nicht wohl. Wer sich nicht wohl fühlt, kann nicht gut arbeiten und arbeitet nicht gern.

Ganz abgesehen davon ist es unwürdig, wenn ein Mensch zum anderen etwas sagt – in Form und Ton –, was der andere umgekehrt, ohne Sanktionen befürchten zu müssen, nicht zu ihm sagen könnte oder dürfte.

Niemand wird gern besiegt. Fast immer will der Verlierer sein verletztes Selbstwertgefühl wiederherstellen. Er betrachtet – zumindest unbewusst – den, der ihn durch Machtdiktat „besiegt" hat, als feindselige Person, der er seinerseits „eins auswischen" muss, um sein verletztes Selbstwertgefühl zu heilen. Da er dem Vorgesetzten nicht offen entgegentreten kann oder will, macht er es oft verdeckt: „Dienst nach Vorschrift", „innere Emigration", heimlicher Ungehorsam, schlampige Arbeit, „Sand ins Getriebe streuen" usw. sind Mittel, um sich zu rächen und dadurch vor sich selbst wieder besser dazustehen. Das ist sicher kein erstrebenswerter Zustand, und der langfristig Leidtragende ist der Führende selbst, der das Machtdiktat anwendet. Er bekommt häufig

Schwierigkeiten durch frustrierte Mitarbeiter, Schwierigkeiten, von denen er meist gar nicht weiß, woher sie kommen.

Machtdiktate erzeugen Machtdiktate nach unten Ein weiterer Nachteil des Machtdiktats ist, dass in ihrem Selbstwertgefühl verletzte Mitarbeiter, die ihrerseits Führungsverantwortung haben, ihren Frust wiederum durch Einsatz des Machtdiktats an ihre Mitarbeiter weitergeben. Dasselbe kann übrigens auch in Familien der Fall sein, wenn der dominierende Vater per Machtdiktat das Selbstwertgefühl der Mutter verletzt, die das wiederum an den Kindern auslässt (oder umgekehrt).

So herrscht durch Gedankenlosigkeit, Bequemlichkeit, Nichtwissen oft eine feindselige, gedrückte Stimmung, die dazu führt, dass Mitarbeiter versuchen, sich an den jeweiligen Führungskräften zu rächen. All das spielt sich fast immer unter der Oberfläche ab, ist also auf den ersten Blick nicht erkennbar und den Beteiligten oft nicht bewusst. Aber es kann großen Schaden anrichten, ganz abgesehen vom Nervenverschleiß aller Betroffenen.

Jeder Vorgesetzte sollte sich im Klaren sein: Er lebt von der Arbeitsqualität und der positiven Einstellung seiner Mitarbeiter. Ohne deren Hilfe kann er seine Ziele nicht erreichen und läuft Gefahr, zu scheitern. Kein Vorgesetzter sollte den Fehler machen, sich und seine Arbeit für wichtiger zu halten als seine Mitarbeiter und deren Arbeit. Er trägt zwar als Chef die Verantwortung; das gehört aber zum Berufsbild des „Chefs". Ein großer Teil dieser Verantwortung besteht in der Verantwortung für seine Mitarbeiter. Eine Führungskraft hat dafür zu sorgen, dass die Mitarbeiter effizient arbeiten können. Das ist eine ihrer wichtigsten Aufgaben.

Führen heißt auch: Seine Mitarbeiter erfolgreich werden lassen.

Wer das Machtdiktat einsetzt und so das Selbstwertgefühl seiner Mitarbeiter verletzt, wird seiner Führungsaufgabe nicht gerecht.

Übrigens: Bei einem Zielkonflikt zwischen Führungsaufgabe und Routinearbeit des Vorgesetzten hat die Führungsaufgabe absoluten Vorrang.

Zusammenfassung

Das Machtdiktat ist zumeist ein Symptom der inneren Einstellung des Führenden (des „Stärkeren"). Es ist verletzend und nicht umkehrbar, kann also hierarchisch nur von oben nach unten angewandt werden. Es zeigt dem Gesprächspartner deutlich, dass seine Meinung nicht ernst genommen wird, ihm das Recht auf eine eigene Meinung bestritten wird. Genau das ist es, was das Selbstwertgefühl verletzt – mit der Folge, dass der Betroffene resigniert oder „auf Rache sinnt", was meist auf den, der das Machtdiktat angewendet hat, zurückfällt. In einigen Fällen ist das Machtdiktat aus übergeordneter Verantwortung heraus unumgänglich.

Es folgt ein Regelwerk (3. Regel des partnerbezogenen Verhaltens), dessen Anwendung es Ihnen ermöglicht, sich auch ohne Aggressionen durchzusetzen.

Sich gewaltlos durchsetzen

Umkehrbar formulieren und fragen

Halten Sie sich Folgendes vor Augen: Nicht das, was Sie sagen, also der Inhalt der Botschaft, hat die größere Wirkung auf Ihren Gesprächspartner, sondern, wie Sie es sagen. Das bedeutet, der andere nimmt in erster Linie auf, wie Sie die Botschaft formulieren, welche Worte Sie wählen, in welchem Ton Sie sprechen – kurzum: welchen Eindruck Sie vermitteln. Die Art, wie sie formuliert und vorgetragen wird, wie sie

Die Form bestimmt den Inhalt

also auf den Empfänger wirkt, kann Ihre Botschaft zu einer verletzenden Waffe machen und die Beziehungsebene zwischen Ihnen und Ihrem Gesprächspartner vergiften. Aus menschlichen Gründen und aus Geschäftsinteresse sollten Sie Botschaften, die für den Empfänger harte Wahrheiten enthalten, so formulieren, dass Sie diesen möglichst wenig verletzen, also sein Selbstwertgefühl nicht angreifen. Die Wahrheit, der Inhalt, der gesagt werden muss, darf aber dabei auf keinen Fall verfälscht werden.

Sagen Sie nicht: „Sie sind ein Lügner!", sondern sagen Sie: „Ich bin ganz sicher, dass Sie nicht die Wahrheit sagen!"

Bitte denken Sie jetzt nicht: „Das ist doch dasselbe!" Die Wirkung auf den Gesprächspartner ist unter Umständen eine ganz andere. Bei der ersten Fassung („Lügner") kann die Aggressivität der Formulierung, in diesem Fall die Wortwahl, beim Empfänger zur Verletzung des Selbstwertgefühls führen und damit Gegenaggression oder Resignation erzeugen.

Den anderen nicht kränken Im zweiten Fall unterstellen Sie zwar auch Unwahrheit, jedoch kann es sich hierbei – theoretisch – auch um einen Irrtum handeln. Das verletzende Wort „Lüge" fällt nicht. Zwar ist der Inhalt der Botschaft nahezu unverändert, aber Ton und Formulierung – also der Gesamteindruck – lassen diesen Inhalt nicht als persönliche Kränkung erscheinen, und der Gesprächspartner bleibt offen für Ihre Argumente. Es sind ja nicht immer objektive Wahrheiten, die Sie verkünden müssen. Bei den meisten kontroversen Gesprächen werden subjektive Argumente und nicht gesicherte Fakten ausgetauscht. Da passiert es leicht, dass der stärkere Partner, also der Führende, das „Machtdiktat" einsetzt, also Argumente und Fakten so formuliert, dass sie persönlich treffen und so das Selbstwertgefühl des anderen verletzen, ohne dass er sich dagegen wehren kann.

Das Machtdiktat ist auf „Sieg" ausgerichtet, macht also den Betroffenen zum „Verlierer" mit allen negativen Folgen für den, der es einsetzt.

Wie sollten Sie sich stattdessen verhalten, wenn Sie nicht nachgeben wollen oder können, sondern sich durchsetzen müssen? Sie sollten davon ausgehen, dass Ihr Gesprächspartner das, was Sie stört oder ärgert, gar nicht in der Absicht gesagt hat, Sie zu stören, zu ärgern oder zu verletzen. Sollte er eine andere Meinung geäußert haben, als Sie sie vertreten, so bedenken Sie, dass er das Recht hat, diese Meinung zu äußern. Warum wollen Sie also, nur weil Ihnen die Reaktion Ihres Partners nicht passt, das Gespräch auf ein Gleis schieben, das den Gesprächspartner (Mitarbeiter, Kollegen, Vorgesetzten, Kunden, Lieferanten usw.) verletzt und/oder zum Schlagabtausch zwingt? Das ist ebenso überflüssig wie gefährlich.

Wenn Sie Wert darauf legen, das Gespräch zu einem für Sie oder für beide Teile erfolgreichen Ende zu bringen, dann befolgen Sie die dritte Regel des partnerbezogenen Verhaltens:

Formulieren und fragen Sie umkehrbar (aggressionsfrei). Das heißt: Formulieren Sie alle Äußerungen in einem kontroversen Gespräch so, dass der Partner diese Äußerungen genau so Ihnen gegenüber machen könnte, ohne dass Ihr Selbstwertgefühl verletzt würde.

Damit haben Sie eine gewisse Sicherheit, dass Sie auch sein Selbstwertgefühl nicht verletzen. Das hat mit dem Inhalt der Aussage nichts zu tun; Sie müssen sagen, was gesagt werden muss. Ich bringe hier beispielhaft einige nicht umkehrbare Äußerungen und formuliere sie so um, dass sie umkehrbar sind:

Inhaltlich ehrlich bleiben

- „Bitte erledigen Sie das möglichst sofort." (Nicht umkehrbar)
  „Wenn Sie das möglichst schnell erledigen, bringt es mehr ein." (Umkehrbar)
- „Werden Sie denn nie klug?" (Nicht umkehrbar)
  „Ich ärgere mich, dass Sie schon wieder reingefallen sind." (Umkehrbar)
- „Da haben Sie sich ja mal wieder mit Ruhm bekleckert!" (Nicht umkehrbar)
  „Ich bedaure, dass Ihnen das daneben gegangen ist." (Umkehrbar)
- „Ich hätte es gleich selber machen sollen." (Nicht umkehrbar)
  „Mit meiner Erfahrung hätten Sie es wahrscheinlich geschafft!" (Umkehrbar)
- „Kümmern Sie sich um Ihre eigenen Angelegenheiten!" (Nicht umkehrbar)
  „Es stört mich, wenn ich die Sache nicht allein regeln kann." (Umkehrbar)
- „Ihre ewige Qualmerei ist zum Auswachsen!" (Nicht umkehrbar)
  „Ich wäre Ihnen dankbar, wenn wir uns auf bestimmte Rauchzeiten einigen könnten." (Umkehrbar)
- „Glauben Sie denn, dass Sie immer alles richtig machen?" (Nicht umkehrbar)
  „Ihre Kritik empfinde ich als ungerecht." (Umkehrbar)
- „Bitte unterlassen Sie das!" (Nicht umkehrbar)
  „Ich finde es nicht gut, wenn Sie das tun." (Umkehrbar)

Das sind Beispiele dafür, wie Sie kritische Äußerungen – auf verschiedenen Machtverteilungsstufen – umkehrbar formulieren können. Vom Inhalt her lassen sie auch in der umkehrbaren Fassung an Deutlichkeit nichts zu wünschen übrig; aber in der Form verletzen sie nicht so. Dadurch wirken Sie sicherer und überzeugender, die Beziehungsebene bleibt positiver.

Übung:
Finden Sie bei den folgenden Äußerungen heraus, ob sie umkehrbar sind oder nicht:

a) „Ich finde das nicht gut."
b) „Das ist doch großer Unsinn."
c) „Das stimmt nicht!"
d) „Diese Meinung kann ich nicht teilen."
e) „Da haben Sie mal wieder nicht nachgedacht."
f) „Damit bin ich nicht einverstanden."
g) „Aber so können Sie doch wirklich nicht vorgehen, mein Lieber!"
h) „Ich verstehe nicht, wie Sie zu dieser Meinung kommen."
i) „Sie haben doch noch nie etwas Gescheites zustande gebracht!"
k) „Es tut mir Leid, dass Sie diesen Eindruck haben."
l) „Das ist doch Mist!"

Lösung:
Umkehrbar sind:
a, d, f, h, und k.

Partnerbezogene Fragen

Ganz ähnlich verhält es sich mit Fragen. Es gibt Fragen, die umkehrbar sind, und solche, die es nicht sind. Fragen können vom Befragten (zum Beispiel vom Mitarbeiter) durchaus als positiv empfunden werden, wenn sie Interesse an seiner Person und seiner Meinung signalisieren. Richtig gestellte Fragen gestalten die Beziehungsebene fast immer positiv. Ich schreibe absichtlich „richtig gestellt"; das ist nämlich nicht dasselbe wie: „richtige Fragen". Richtige Fragen sind solche, die nach Meinung des Fragenden richtig sind. Das bedeutet durchaus nicht, dass der Befragte sie „richtig" findet. Er kann sie im Gegenteil als unangenehm und damit als für ihn falsch empfinden. Richtig gestellte Fragen dagegen signalisieren Verständnis für die Lage des Befragten und halten durch ihre Partnerbezogenheit die Beziehungsebene freundlich – und öffnen so den Befragten. Der Fragende erfährt so mehr.

Wie stellen Sie Fragen „richtig"?

Hier gilt dasselbe wie beim „Umkehrbar-Formulieren": Formulieren Sie alle Fragen so, dass sie umgekehrt auch Ihnen gestellt werden könnten, ohne dass Ihr Selbstwertgefühl in Mitleidenschaft gezogen würde. Auch Fragen sollten „umkehrbar" sein. Dabei sind – wie beim umkehrbaren Formulieren überhaupt – Formulierung und Ton ausschlaggebend; nicht so sehr der Inhalt der Frage.

Hier einige Beispiele:

Nicht umkehrbar, also „nicht richtig" gestellt	Umkehrbar, also „richtig" gestellt (partnerbezogen)
„Haben Sie das nicht selber verschuldet?"	„Wie sind Sie in die Sache hineingeraten?"
„Was haben Sie sich eigentlich dabei gedacht?"	„Sie hatten das Gefühl, dass es so besser gehen würde, nicht wahr?"
„Warum haben Sie so oft die Stelle gewechselt?"	„Welche Gründe hatten Sie für Ihre Stellenwechsel?"
„Warum haben Sie es nicht verhindert?"	„Was waren Ihre Überlegungen bei der Sache?"

Richtig gestellte Fragen klagen nicht an, erzwingen keine Schuldbekenntnisse, verlangen keine Rechtfertigung, stellen nicht bloß, blamieren nicht. Sie signalisieren Verständnis, schließen auf, geben die Möglichkeit zur Entschuldigung, bringen den Partner zum Offenlegen der wirklichen Gründe.

Selbstverständlich ist jede partnerbezogene Haltung fehl am Platz, wenn Sie jemanden wirklich besiegen müssen. Das sollten Sie sich aber immer sehr gut überlegen – wegen der damit verbundenen Folgen.

Ich-Aussagen machen

Viele Menschen neigen dazu, Probleme, die ihnen Ängste oder Ärger machen, als Vorwürfe zu formulieren und sie den scheinbaren oder wirklichen Verursachern als *negative Du-Aussagen* „um die Ohren zu schlagen". Darüber ärgern sich nun diese ihrerseits und kontern ebenfalls mit negativen Du-Aussagen. Das führt zu Eskalationen, die den (unerwünschten) negativen Ausgang des Gesprächs fast zwangsläufig herbeiführen.

Diese negativen Du-Aussagen sind meist besonders verletzende Auswüchse des Machtdiktats. Wie kommt es dazu? Es ist immer wieder derselbe Ablauf: Wir meinen, wir müssten unserem Partner, zum Beispiel einem Mitarbeiter, beweisen, dass wir stärker sind als er, wollen ihn also besiegen. Oder wir ärgern uns über seine Äußerung (Mandelkern) und wollen ihm durch einen Sieg beweisen, dass unsere Meinung oder unsere Sicht des Problems allein selig machend und damit richtig ist. Das führt unter annähernd Gleichstarken zum Krieg und bei einem Schwächeren zur Frustration mit ihren schädlichen Auswirkungen (Resignation und/oder spätere Rache).

Wie vermeiden Sie negative Du-Aussagen? Indem Sie stattdessen *Ich-Aussagen* verwenden. Ich-Aussagen sind der direkte Ausdruck Ihrer Gefühle, also dessen, was Sie bewegt. Anstatt durch negative Du-Aussagen anzugreifen, teilen Sie dem Partner Ihre eigenen Gefühle, Empfindungen und Gedanken mit. Sie legen also Ihr Problem – und damit das, was Sie stört – offen auf den Tisch. Dadurch zwingen Sie den Partner, sich mit Ihnen und Ihrem Problem zu befassen. Die negative Du-Aussage dagegen verbirgt oder verdeckt Ihr Gefühl. Anstatt zu sagen, wie es Ihnen zumute ist, klagen Sie den anderen an, formulieren Ihr Problem als Vorwurf an ihn und treiben ihn dadurch in eine Verteidigungshaltung. Er reagiert mit negativen Gefühlen Ihnen gegenüber und lehnt mit

Negative Du-Aussagen

Ihrer Person auch das ab, was Sie von ihm wollen. Hier sind einige Beispiele für die positive Wirkung von Ich-Aussagen im Gegensatz zu Du-Aussagen:

Beispiele

- Lehrer (negative Du-Aussage): „Du bist faul und dumm!" (Machtdiktat)
  Der Lehrer beschimpft das Kind (das sich nicht wehren kann!). Er verletzt dessen Selbstwertgefühl. Dadurch entstehen Trotz und Rachegefühle. Das ist gewiss keine Basis für besseres Lernen und Benehmen.
  Lehrer (Ich-Aussage): „Ich ärgere mich, dass du viel weniger leistest, als du könntest. Und über dein Benehmen ärgere ich mich noch mehr."
  Das sind auch deutliche Rügen, aber sie verletzen nicht so.
- Meister (negative Du-Aussage): „Los, los, stehen Sie nicht so faul herum!" (Machtdiktat)
  Es ist noch nicht einmal bewiesen, ob der Auszubildende wirklich faul herumsteht. Der Meister hat sich vielleicht über etwas ganz anderes geärgert und lässt den Ärger am Untergebenen aus. Der Auszubildende wird sich nach diesem Rüffel bestimmt nicht mit Feuereifer auf seine Arbeit stürzen; und das Verhältnis zum Meister wird sich dadurch auch nicht harmonischer gestalten. Wie sähe dagegen eine Ich-Aussage des Meisters aus?
  Meister (Ich-Aussage): „Ich mag es nicht, wenn die Arbeit so lange liegen bleibt!"
  Oder (Ich-Aussage): „Mir wäre es wirklich lieber, wenn Sie etwas schneller arbeiten würden."
  Hier könnte der Meister noch eine Begründung anhängen, zum Beispiel:
  „Sie wissen doch, dass die Arbeit morgen fertig sein muss."
- Vorgesetzter: (negative Du-Aussage): „Da haben Sie ja mal wieder nicht richtig gespurt!" (Machtdiktat)
  Fast jeder Mitarbeiter ist gekränkt, wenn ihm so etwas gesagt wird. Und wer gekränkt ist, arbeitet nicht gern für den, der ihn gekränkt hat. Er wird sich vielleicht sogar heimlich rächen. Stattdessen die Ich-Aussage:

Vorgesetzter: (Ich-Aussage): „Ich halte das nicht für gut, was Sie gemacht haben."
Oder (Ich-Aussage): „Ich ärgere mich darüber, dass Ihre Arbeit nicht den Anforderungen entspricht."

Glauben Sie nicht auch, dass ein als Ich-Aussage formulierter Tadel im Hinblick auf das Arbeitsklima – und auch sonst – wirksamer ist?

Übung:

In jedem der folgenden Blöcke mit verschiedenen Aussagen ist eine Ich-Aussage enthalten. Welche ist das?

1. a) „Lachen Sie nicht so!"
   b) „Ihr Lachen ärgert mich."
   c) „Sie sind überheblich!"
   d) „Meinen Sie, dass man darüber lachen sollte?"

2. a) „Das stimmt nicht!"
   b) „Jetzt übertreiben Sie aber."
   c) „Ich sehe das ganz anders."
   d) „So schlimm ist es doch wirklich nicht."

3. a) „Sie sind ungerecht."
   b) „Ich fühle mich ungerecht behandelt"
   c) „Warum lassen Sie Ihren Ärger an mir aus?"
   d) „Ich kann doch nichts dafür!"

Lösung:
1b, 2c, 3b sind
Ich-Aussagen.

Ich-Aussagen mit anschließend weiterführendem Satz („… könnten wir nicht mal darüber sprechen?") nehmen zumeist die Aggressionen aus einem Gespräch heraus und führen zu einer sachlichen Atmosphäre. Ich-Aussagen eignen sich nicht für Entschuldigungen, werden also nicht eingesetzt, wenn Sie nachgeben müssen.

Weiterführender Satz

Ich-Aussagen werden übrigens häufig mit „Weichheit" verwechselt, weil sie nicht dem üblichen „Machtdiktat" entsprechen. Sie sind aber keineswegs „weich", sondern dienen ausschließlich dem Zweck, Ihre abweichende Meinung ohne Aggression mitzuteilen. Insofern sind sie – wie das gesamte „Partnerbezogene Führen" – weder „hart" noch „weich", sondern wirkungsvoll.

Übung:

Ich gebe Ihnen vier negative Du-Aussagen beziehungsweise negative Handlungen eines Gesprächspartners vor. Bitte antworten Sie darauf mit je einer Ich-Aussage:

1. „Ihre Firma ist ein Sauladen!"
2. „Das ist eine ganz schlampige Arbeit!"
3. Ein Mitarbeiter teilt Ihnen mit, dass er gerade jetzt, wo Sie ihn dringend brauchen, seinen Urlaub nehmen will.
4. „Sie sind der Sache offensichtlich nicht gewachsen!"

Mögliche Antworten:

1. „Es ärgert mich, dass Sie diesen Eindruck haben. Darf ich Ihnen beweisen, dass es nicht so ist."
2. „Da bin ich wirklich anderer Meinung. Wenn Sie die Voraussetzungen prüfen, werden Sie sehen, dass ... "
3. „Jetzt bin ich ganz ratlos. Ich weiß wirklich nicht, wie ich – mitten in der Saison – ohne Sie zurechtkommen soll."
4. „Ich bedaure sehr, dass Sie das so sehen. Ich würde Ihnen gern das Gegenteil beweisen."

Durch Ihre Ich-Aussage signalisieren Sie dem Gesprächspartner (ganz gleich, ob Sie Vorgesetzter, Mitarbeiter, Kollege usw. sind), dass Sie sich gestört fühlen, dass Sie ein Problem haben, das er verursacht hat. Sie bringen das Gespräch dadurch in ein sehr viel ruhigeres Fahrwasser, denn

Sie machen ihm keine Vorwürfe, verurteilen ihn nicht, schimpfen nicht, klagen ihn nicht an und – da Sie sich keiner Schuld bewusst sind – entschuldigen sich auch nicht. Sie legen nur Ihr Problem auf den Tisch und bitten den anderen gewissermaßen um Hilfe. Sie stellen ihm damit anheim, Ihr Problem zu lösen, Ihre – durch ihn verursachte – Störung zu beseitigen. Anstatt das Selbstwertgefühl des Partners zu verletzen, wird es vielleicht sogar gestärkt, denn eine Bitte um Hilfe ergeht ja fast immer nur an jemanden, der auch stark genug ist, zu helfen.

Oder aber – das ist manchmal der Fall –, Sie wecken durch die Ich-Aussage das schlechte Gewissen des anderen. Das hat dann meistens die Folge, dass dieser die Ursache für sein schlechtes Gewissen – Ihre Störung durch ihn – beseitigt. Besonders wichtig sind die weiterführenden Sätze: „Darf ich Ihnen beweisen …“; „ Wenn Sie die Voraussetzungen prüfen …“; „Ich weiß wirklich nicht …“; „ Ich würde Ihnen gerne das Gegenteil beweisen“, die von der Gefühlsebene weg auf die Sachebene führen.

An das Gewissen des anderen appellieren

Hier sehen Sie noch einmal die wichtigsten Vorteile von Ich-Aussagen (vgl. S. 80):
- Sie sind aufrichtig und ehrlich.
- Sie schaffen eine Atmosphäre der Offenheit und des Vertrauens.
- Sie greifen den Partner nicht an.
- Sie bauen Schranken ab.
- Sie unterbrechen unfruchtbare Diskussionen.
- Sie fördern die Bereitschaft des anderen zu eigenen Ich-Aussagen. Sie legen die Verantwortung für eine Verhaltensänderung in die Hand des Partners.
- Sie sind immer umkehrbar.

Abwehr unqualifizierter Angriffe

Unsachliche Angriffe abwehren Eine weitere Stärke der Ich-Aussagen ist folgende: Unsachliche Angriffe lassen sich hervorragend parieren:

- Gesprächspartner (zum Beispiel Vorgesetzter): „Sie lügen!"
  Antwort: „Ich bedaure es, dass Sie diesen Eindruck haben; ich würde Ihnen gerne beweisen, dass es nicht so ist."
- Gesprächspartner (zum Beispiel Kollege): „Das ist doch alles dummes Geschwätz."
  Antwort: „Es trifft mich sehr, dass Sie meine Meinung für Geschwätz halten; ich meine es aber wirklich ernst."
- Gesprächspartner (zum Beispiel Vorgesetzter): „Ohne Sie würde die Arbeit viel besser gehen!"
  Antwort: „Es tut mir Leid, dass ich in Ihren Augen zu wenig leiste, ich gebe mir wirklich große Mühe."
- Gesprächspartner (zum Beispiel Vorgesetzter): „Können Sie mich nicht endlich mal in Ruhe arbeiten lassen?"
  Antwort: „Ich bin selber ganz unglücklich, dass ich Sie schon wieder stören muss, aber die Angelegenheit verträgt keine Verzögerung."

Wenn Sie stärker oder gleich stark sind wie Ihr Gesprächspartner (zum Beispiel als Vorgesetzter oder Kollege), sind Sie bei unfairen Angriffen zunächst geneigt, emotional zu reagieren (Mandelkern!), nach dem Motto: „Auf einen groben Klotz gehört ein grober Keil!" Sind Sie schwächer als Ihr Gesprächspartner oder in irgendeiner Weise von ihm abhängig, dann sind Sie versucht, zu resignieren und aufzugeben.

Zurück zur Sachebene Wenn Sie aber beides nicht wollen, sondern Wert darauf legen, das Gespräch weiter und zu einem guten Ende zu führen, dann empfiehlt sich dringend die Ich-Aussage.

Die Ich-Aussage gibt Ihnen die Möglichkeit, die Aggression aus dem Gespräch herauszunehmen und Ihren Gesprächspartner auf die Sachebene zurückzuführen.

Dazu dienen auch an die Ich-Aussage angehängte weiterführende Sätze wie:

- „Ich würde Ihnen gerne beweisen, dass es nicht so ist."
- „... ich gebe mir wirklich Mühe."
- „Wir sollten noch einmal darüber sprechen ..."
- „... aber die Angelegenheit verträgt keine Verzögerung."

Übung

Bitte versuchen Sie, folgende Angriffe (negative Du-Aussagen, zum Teil schlimmstes Machtdiktat) durch Ich-Aussagen zu entschärfen, ehe Sie die von mir vorgeschlagenen möglichen Antworten lesen:

1. „Sie sind doch als Lügner bekannt!"
2. „Sie haben mal wieder gründlich versagt!"
3. „Sie sind eine große Schlampe!"
4. „Ihre Meinung interessiert mich nicht."
5. „Wenn Dummheit weh täte, würden Sie dauernd schreien!"
6. „Blöder als Sie kann man sich kaum noch anstellen."

Mögliche Antworten in Form von Ich-Aussagen:

1. „Ich bin sehr ärgerlich, dass Sie mich für einen Lügner halten. Ich würde Ihnen gerne beweisen, dass es nicht so ist."
2. „Ich finde es schlimm, dass Sie das so sehen. Ich habe mir wirklich große Mühe gegeben."
3. „Ihre schlechte Meinung ärgert mich sehr. Bitte sagen Sie mir ..."
4. „Ich bedaure sehr, dass Sie meine Meinung so ablehnen. Könnten wir nicht ..."
5. „Ich finde es ungerecht, dass Sie mich für dumm halten. Die Tatsachen ..."
6. „Ich bin sehr unglücklich darüber, dass ich mich in Ihren Augen dumm angestellt habe. Wenn wir ..."

Ich-Aussagen
sind keine
Entschuldigungen
An diesen drastischen Beispielen können Sie erkennen, dass Ich-Aussagen keine Entschuldigungen sind und dass sie – zusammen mit den weiterführenden Sätzen – den Gesprächspartner, ganz gleich wie die Machtverhältnisse sind, weg von seinen Aggressionen zurück auf die Sachebene bringen können. Ich-Aussagen helfen Ihnen nicht, wenn Sie im Unrecht sind. In diesem Fall gibt es nur die Entschuldigung.

Falsche Ich-Aussagen
Nicht alle Aussagen, die mit „Ich" beginnen, sind echte Ich-Aussagen. Es können auch verkappte negative Du-Aussagen sein:

- „Ich ärgere mich darüber, dass Sie sich so dumm benommen haben!"
- „Es wundert mich, dass Sie so völlig versagen."

Das sind verkleidete negative Du-Aussagen, die durchaus verletzen können. Wie würden diese Aussagen als Ich-Aussagen und damit umkehrbar aussehen?

- „Ich ärgere mich darüber, dass Ihre Bemühungen nicht erfolgreich waren."
- „Ich bin enttäuscht, dass ich in dieser Angelegenheit nicht mit Ihnen rechnen kann."

Das sind echte Ich-Aussagen. Sie sind umkehrbar.

Ich-Aussagen contra Machtdiktat
Reaktion
auf Machtdiktat
Wie können Sie sich als Mitarbeiter gegen ein Machtdiktat Ihres Vorgesetzten wehren? Zunächst einmal sollten Sie sich nicht aufregen, sondern es respektieren, wenn Ihr Chef sich das Recht nimmt, das Machtdiktat anzuwenden; ebenso wie Sie natürlich das Recht haben, sich dagegen zu wehren. Sie müssen jetzt zwei Wünsche unter einen Hut bringen: Einmal müssen Sie sich Ihr Selbstwertgefühl erhalten, das ja durch das Machtdiktat verletzt zu werden droht. Zum Zweiten wollen Sie Ihr Anliegen beim Führenden durchsetzen.

Sie dürfen also nicht resignieren, sondern müssen kontern – aber so, dass Sie umgekehrt das Selbstwertgefühl Ihres Vorgesetzten nicht verletzen; denn dann ziehen Sie den Kürzeren. Das geschieht am besten mit einer Ich-Aussage, wie Sie es schon an einigen Beispielen vorher gesehen haben. An diese Ich-Aussage hängen Sie noch einen weiterführenden Satz, der weg vom Gefühl und hin zur Sache führt:

Vorgesetzter: „Sie haben mal wieder versagt."
Sie: „Ich bin wirklich unglücklich, dass Sie das so sehen (Ich-Aussage). Ich würde gern mit Ihnen darüber sprechen, wie Sie zu dieser Ansicht kommen." (Weiterführender Satz)

Die Chance, dass Sie jetzt vernünftig miteinander reden können, ist groß. Reagieren Sie keinesfalls aggressiv: „Ich weiß nicht, ob Sie das so richtig beurteilen können!" Und auch nicht beleidigt: „Sie hätten das auch nicht anders machen können!" Verwenden Sie keine negativen Du-Aussagen; die führen nur zur Eskalation und damit zu Ihrer Niederlage. Mit Ihrer Ich-Aussage zeigen Sie Ihrem Chef, dass Sie ein Problem haben, dass Sie sich von Ihm abhängig fühlen, dass er Sie verletzt hat und – dass nur er Ihr Problem lösen kann.

Ich-Aussagen sind Bitten an den anderen um Verhaltensänderung.

Deshalb scheuen sich Führende manchmal, ihrerseits Ich-Aussagen gegenüber Mitarbeitern zu machen, und bedienen sich lieber des Machtdiktats.

Ich-Aussagen statt Machtdiktat
Was machen Sie als Vorgesetzter, wenn Ihre Mitarbeiter andere Vorstellungen vom Erreichen Ihrer Ziele haben, wenn sie diese Ziele nicht richtig finden, wenn sie sich in Ihren Augen

Sich mit Ich-Aussagen durchsetzen

fehlverhalten? Jetzt verführen Ungeduld (Mandelkern!) oder Verantwortungsgefühl leicht dazu, das bequem zu handhabende Machtdiktat einzusetzen, um die Untergebenen auf „Vordermann" zu bringen. Die unter Umständen unangenehmen Konsequenzen eines solchen Verhaltens habe ich schon beschrieben. Anstatt die Beziehungsebene zwischen sich und den Mitarbeitern durch dieses Machtdiktat negativ einzufärben, können Sie besser – mit sehr viel größerer Erfolgschance – Ich-Aussagen einsetzen.

Andere Meinungen respektieren

Jeder Mitarbeiter, der eine andere Meinung hat als Sie, hat das Recht auf diese Meinung. Das sollten Sie akzeptieren. Außerdem sollten Sie die Meinung selbst respektieren. Respektieren – ich kann es nicht oft genug wiederholen – bedeutet nicht, diese Meinung richtig zu finden oder sie gar zu übernehmen. Diesen Respekt vor der anderen Meinung zeigen Sie, wenn Sie diese Meinung, die Sie für falsch halten, nicht angreifen, nicht schlecht machen; ebenso wenig wie Sie den Menschen, der diese Meinung geäußert hat, angreifen und schlecht machen. Sie senden also keine negativen Du-Botschaften, wie zum Beispiel:
- „Das ist doch Unsinn!"
- „Machen Sie es bitte so, wie ich es angeordnet habe."

Senden Sie stattdessen Ich-Botschaften, wie zum Beispiel:
- „Ich finde Ihre Meinung nicht überzeugend, wir sollten …"
- „Ihre Meinung halte ich nicht für richtig. Ich würde die Angelegenheit lieber in meinem Sinne erledigt wissen."

Jetzt haben Sie ganz klar gesagt, dass Sie von der Meinung des anderen nichts halten, ohne diese Meinung schlecht zu machen. Sie haben ihn und seine Meinung ernst genommen, sie respektiert – und dadurch die Beziehungsebe zwischen sich und dem Gesprächspartner positiv gehalten. So entstehen keine Aggressionen gegen Sie und es besteht die

Chance, dass der Mitarbeiter vom Gefühl her das tut, was Sie von ihm verlangen, auch wenn er vom Verstand her nicht überzeugt ist.

Auch wenn Sie einen Mitarbeiter kritisieren müssen, sollten Sie Ich-Aussagen verwenden – Ihre eigenen Gefühle so aussprechen, dass sie den zu Kritisierenden nicht kränken, daher sein Selbstwertgefühl nicht verletzen. Sagen Sie nicht: „Sie sind faul", sondern sagen Sie: „Meines Erachtens könnten Sie sehr viel mehr leisten." Merken Sie den Unterschied? Das eine demotiviert; das andere motiviert.

Mit Ich-Aussagen Kritik äußern

Negative Reaktionen auf Ich-Aussagen
Ab und zu reagieren Gesprächspartner abwehrend, ärgerlich oder sogar feindselig auf Ich-Aussagen. Manche hören es nämlich nicht gern, dass Sie ihr Verhalten oder ihre Meinung nicht akzeptieren – was Sie ja durch die Ich-Aussage deutlich gemacht haben. Dieses abwehrende Verhalten ist aber selten. Sollte es wirklich einmal der Fall sein, dann machen Sie keine weiteren Ich-Aussagen, sondern signalisieren Sie Verständnis für den anderen, indem Sie ihm jetzt deutlich zeigen, dass Sie ihm aufmerksam zuhören:

Wenn der andere ärgerlich reagiert

Sie: „Ich bin sehr unglücklich (wütend, ärgerlich) darüber, dass Sie das so sehen. Ich würde gerne mit Ihnen gemeinsam herausfinden, woran das liegt."
Gesprächspartner: „Aber ich nicht mit Ihnen. Sehen Sie zu, dass Sie die Sache in Ordnung bringen."

Jetzt ist es deutlich, dass er Ihre Ich-Aussage als unangenehm empfindet. Sie schalten jetzt lieber um auf partnerbezogenes Zuhören, um ihm zu zeigen, dass Sie seine Meinung sehr ernst nehmen:

Sie: „Sie meinen also, ich sollte die aufgetauchten Schwierigkeiten ohne Ihre Hilfe lösen?"

Sie geben sinngemäß („aufgetauchte Schwierigkeiten") wieder, was Sie vorher gehört haben und was der andere (in diesem Fall Ihr Vorgesetzter) sagen wollte. Sie zeigen ihm damit, dass Sie ihm zugehört und ihn verstanden haben – ja, dass Sie seine Meinung respektieren. Durch dieses sehr partnerbezogene Umschalten von „Senden" auf „Empfangen" wächst erfahrungsgemäß beim Gesprächspartner die Bereitschaft, seinerseits auch Sie zu verstehen und zu respektieren. Sein schlechtes Gewissen wird angesprochen, die Aggression schwindet. Jetzt können Sie über das eigentliche Problem sprechen.

Schnell und deutlich zur Sache kommen

Kritik deutlich machen
Wenn Sie als Vorgesetzter einem Mitarbeiter etwas Unangenehmes sagen müssen oder wollen, so fällt Ihnen das oft nicht leicht – weniger aus Zartgefühl, sondern weil Sie die Reaktion des Getadelten fürchten. Sie möchten sich nicht gerne mit ihm auseinander setzen. Vielleicht gehören Sie sogar zu den Führungskräften, die in solchen Situationen möglichst unklar, möglichst „wolkig" reden, die „wie die Katze um den heißen Brei" um den Sachverhalt herumschleichen beziehungsweise reden, sodass der Mitarbeiter gar nichts kapiert und sich nach dem Gespräch fragt: „Was wollte der Alte eigentlich?"

Beispiel
Vorgesetzter: „Also, Herr X, wir sind hier alle eine große Familie, und ich lege großen Wert auf einen kollegialen Ton. Ich bin überzeugt, dass es Ihnen bei gegebener Situation genauso geht. Ja, ich glaube eigentlich, dass Sie das besonders schätzen, wenn auch die Umstände oft so sind, dass es nicht möglich ist, so zu sprechen, wie man es eigentlich wollte. Und doch sollte man sich in solchen Situationen nicht hinreißen lassen, eventuell laut zu werden oder sich grob auszudrücken. Ich denke, Sie sind wohl auch dieser Meinung?"

Dem Mitarbeiter bleibt wohl nichts anderes übrig, als den Chef zu bestätigen. Aber ändern wird er seinen Umgangston – das wollte der Vorgesetzte ihm ja wohl nahe bringen – gewiss nicht, da er nicht verstanden hat, was dieser eigentlich von ihm will.

Solches „Gelaber" mit seinen oft negativen Folgen brauchen Sie jetzt nicht mehr von sich zu geben. Sie sind in der Lage, sehr schnell und sehr deutlich zur unangenehmen Sache zu kommen. Warum? Weil Sie inzwischen gewohnt sind, das Selbstwertgefühl des Mitarbeiters zu achten, also umkehrbar zu formulieren und Ich-Aussagen (die ja ebenfalls umkehrbar sind) zu verwenden.

Mit diesen neuen Fähigkeiten könnte der Vorgesetzte, anstelle der „wolkigen" Ansprache von vorhin, vielleicht Folgendes sagen:

Vorgesetzter: „Herr X, ich habe ein Problem. Ich glaube, Sie **Klare Sprache**
könnten mir vielleicht dabei helfen."
X: „Aber gerne."
Vorgesetzter: „Seit etwa drei Monaten bekomme ich immer wieder Anrufe und Besuche von Kollegen, die sich darüber beschweren, dass Sie, Herr X, so unfreundlich seien. Sie würden alles besser wissen, würden ihnen über den Mund fahren, würden sie nicht ausreden lassen usw. Ich habe das zunächst nicht besonders ernst genommen, da ich Sie ja eigentlich ganz anders kenne. Aber da diese Beschwerden nicht aufhören, habe ich mir gedacht: Sprich doch ganz einfach mal mit X darüber. Wie ist es, haben Sie auch das Gefühl, dass Sie manchmal – wie sagt man so schön auf Neudeutsch – Kommunikationsschwierigkeiten haben?"
X: „Nicht, dass ich wüsste."
Vorgesetzter: „Ja, das habe ich mir gedacht. Sie haben hier im Haus eine Art Beraterfunktion. Sie wissen also mehr als die Kollegen, mit denen Sie sprechen. Könnte es sein, dass Sie

manchmal etwas ungeduldig sind, wenn die so gar nicht kapieren wollen, was Sie ihnen Gutes bringen?"
X: „Ja, manche sind wirklich ziemlich schwer von Begriff!"
Vorgesetzter: „Und dann drücken Sie sich manchmal ziemlich – wie soll ich sagen – deutlich aus. Könnte das passieren?"
X: „Ja, das will ich nicht ausschließen."

Wir können hier abbrechen, denn der Führende hat sein Ziel erreicht. Was war anders als beim ersten Gespräch?

Dialog statt Monolog

Zunächst einmal war das zweite Gespräch ein Dialog, also kein Monolog des Vorgesetzten wie das erste. Dadurch gab er Herrn X die Möglichkeit zum Mitdenken. Die einleitende Ich-Aussage („Ich habe ein Problem") nahm dem Gespräch von vornherein den Charakter eines Verhörs oder einer Beschuldigung. Außerdem konnte der Vorgesetzte mit dieser Ich-Aussage sofort zur Sache kommen, da das Selbstwertgefühl von X intakt blieb, also keine Aggressionen geweckt wurden. Durch partnerbezogene Fragen betrieb der Vorgesetzte Ursachenforschung – ohne zu beschuldigen. Er brachte Herrn X schließlich dazu, sein Verhalten zu überdenken, was gleichbedeutend war mit dem Vorsatz, in Zukunft seine Ungeduld zu zügeln.

Damit hat der Führende sein Gesprächsziel erreicht, im Gegensatz zur ersten Fassung, bei der nichts erreicht wurde, da X ihn nicht verstanden hatte.

Zusammenfassung
Partnerbezogen sprechen heißt umkehrbar sprechen. Formulieren Sie so, wie der andere, egal auf welcher hierarchischen Ebene, auch zu Ihnen sprechen könnte, ohne Sie zu verletzen. Partnerbezogen sprechen, zuhören, formulieren und fragen – konsequent angewendet – ermöglicht es erst, andere zielgerichtet zu beeinflussen. Das nennt man: partnerbezogen führen.

4. Partnerbezogen führen

„*Der beste Führer ist, wer klug genug ist,*
 gute Leute zu finden,
 damit sie tun, was er getan haben möchte,
 und zurückhaltend genug,
 sich nicht einzumischen,
 während sie es tun."

THEODORE ROOSEVELT

Was bedeutet „Menschen führen"?

Jeder, der andere Menschen beeinflusst, mit ihm zusammen bestimmte Ziele zu erreichen (also aus diesem Grund mit ihnen redet), führt diese Menschen. Ich habe mich in diesem Buch auf das Führen von Menschen innerhalb von sozialen Gebilden (Unternehmen, Behörden usw.) beschränkt, deshalb werden Definitionen wie auch Beispiele vorwiegend auf diese Bereiche bezogen.

Der soziale Prozess des Führens spielt sich zumeist in einer Gruppe ab, welcher der „Führende" (meist der Vorgesetzte) und die „Geführten" (in der Regel die Mitarbeiter) angehören. (Gruppe bezeichnet hier jede organisatorische Einheit, auch wenn sie nur zwei Menschen umfasst.)

Der Führende ist:
- das Mitglied mit dem höchsten hierarchischen Status in der Gruppe und der damit verbundenen Anweisungsbefugnis,
- verantwortlich für die Organisation und Weiterentwicklung der Gruppe, zum Beispiel die Auswahl der Gruppenmitglieder,
- verantwortlich für die Aktivitäten der Gruppenmitglieder im Hinblick auf das Erreichen der Gruppenziele,
- verantwortlich für das Erreichen der Gruppenziele.

Führen heißt Verantwortung übernehmen

Eine Führungskraft muss bereit und in der Lage sein, Entscheidungen zu treffen sowie Verantwortung zu übernehmen für:
- das, was getan werden muss (Planung),
- den richtigen Einsatz der richtigen Helfer (Organisation, Kontrolle),
- die zielgerichtete Überzeugung und Motivation dieser Helfer (Menschenführung im engeren Sinne).

Früher war das Führen von Menschen einfacher: Der Führende ging voran, zeigte das Ziel und den Weg. Er war derjenige, der vor dem Heer herzog – der „Herzog". Heute kann er das nicht mehr. Zwar kennt und nennt er die Ziele, aber er kennt längst nicht mehr alle Wege, die zu diesen Zielen führen. Es gibt für viele Wegabschnitte Spezialisten, ohne die niemand die Wege finden oder begehen könnte. Diese Spezialisten sind die Helfer ersten Grades: wie Mitarbeiter, Kollegen, Vorgesetzte, und die Helfer zweiten Grades: wie Kunden und Lieferanten (bezogen auf ein Unternehmen).

Ohne andere kann niemand führen. Ein Führer ist also jemand, „der die anderen unendlich nötig hat".

ANTOINE DE SAINT-EXUPÉRY

Die Helfer des Führenden („Geführte") – vor allem Mitarbeiter – müssen veranlasst werden, die vorgegebenen Ziele mit anzustreben oder wenigstens zu tolerieren. Das zu erreichen, ist die Aufgabe des Führenden; und dazu muss er mit ihnen reden. Führen verändert die sozialen Kontakte zwischen Leitenden und Angeleiteten (Kommunikation) und beseitigt Unwissen über die Zielerreichung (Information). **Führen heißt Beeinflussen**

Im Idealfall wird der „Geführte"
- informiert über das, was geschehen soll,
- überzeugt – also rational zur vom Führenden gewünschten Meinung oder Handlung gebracht,
- motiviert – also emotional zur vom Führenden gewünschten Meinung oder Handlung gebracht.

Bei seiner Führungstätigkeit stößt der Vorgesetzte oft auf Menschen, die nicht einverstanden sind mit den Zielen, mit den Wegen zur Zielerreichung, mit dem Verhalten der Führungskraft usw. Dann besteht die Gefahr, dass die Kommunikation, also die sozialen Beziehungen zwischen Vorgesetztem und Mitarbeiter, sich verschlechtern, ja, dass der Mitarbeiter seine Mitarbeit an der Zielerreichung verweigert.

Die richtigen Worte finden Dies ist der Augenblick, in dem die meisten Führungskräfte unsicher werden und unter Umständen irreparable Fehler machen; und diese Augenblicke sind gar nicht selten. Jetzt hängt alles davon ab, wie der Führende reagiert, vor allem, was er redet und wie er redet.

Die Gefahr, dass Mitarbeiter oder sonstige Helfer sich verweigern, lässt sich verringern durch ein Verhalten, das zumindest emotional keine großen Spannungen aufkommen lässt und so die Möglichkeit schafft, aggressionsfrei über etwa aufgetauchte Probleme miteinander zu reden. Dieses Verhalten mit seiner positiven Wirkung – Sie kennen es längst –, das partnerbezogene Verhalten nämlich, lässt sich auch anwenden, wenn Sie der hierarchisch schwächere Gesprächspartner sind. Ebenso zeigt es seine positive Wirkung oft auch gegenüber einem gleichberechtigten und gleich starken Partner.

Das liegt daran, dass Sie die betreffenden Gesprächspartner wegen ihrer abweichenden Meinung nicht angreifen. Diese fühlen sich dadurch ernst genommen, brauchen sich also nicht zu verteidigen (was ja nichts anderes als (Gegen-) Aggression ist) und sind so in der Lage und zumeist auch willens, sich Ihre Argumente vorurteilsloser anzuhören. Dadurch steigen Ihre Chancen, sich durchzusetzen, erheblich.

Ihnen hierarchisch unterstellte – oder aus anderen Gründen von Ihnen abhängige – Gesprächspartner werden Sie im Allgemeinen leichter dazu bringen, Ihre Argumente anzunehmen und in Ihrem Sinne zu handeln, auch wenn sie nicht damit einverstanden sind. Das wird fast immer dann der Fall sein, wenn Sie das von oben nach unten so häufig eingesetzte Machtdiktat anwenden. Dann tun Ihre Gesprächspartner aus Angst das, was Sie wollen. Allerdings – davon war schon häufig die Rede – hat dieses erzwungene Einverständnis unter Umständen das Selbstwertgefühl des Partners verletzt, was wiederum unangenehme Folgen für Sie haben kann. Auch in diesem Fall ist es vorteilhafter, durch Ihr partnerbezogenes Verhalten – in diesem Fall partnerbezogenes Reden und Zuhören – dem Gesprächspartner zu zeigen, dass Sie es ihm leicht und angenehm machen wollen, Ihnen zuzuhören, also gerne mit ihm reden – und dass Sie außerdem seine (abweichende) Meinung ernst nehmen. Dadurch stärken Sie sein Selbstwertgefühl und nehmen ihn für sich ein.

Dieses partnerbezogene Verhalten ist weder hart noch weich; es ermöglicht die Konfrontation ohne Verletzungen. Dadurch bleibt die Beziehungsebene positiv; und Sie erreichen vielleicht die emotionale Zustimmung zu dem, was Sie wollen, auch ohne dass Sie gleichzeitig die rationale Zustimmung erhalten.

Partnerbezogenes Verhalten ist weder hart noch weich

Aufgaben des Führenden

Alle Führungsaufgaben: Planen, Entscheiden, Organisieren, Kontrollieren – Menschen führen (also diese anweisen, auf sie einwirken, sie überzeugen und motivieren) – gelten sowohl für das Führen innerhalb einer Gruppe (zum Beispiel einer Abteilung) als auch für die Führung der Gruppe als Einheit innerhalb eines größeren Bereiches (etwa eines Unternehmens), dem sie angehört und für den tätig zu sein sie geschaffen wurde.

Allein die Führungstätigkeit innerhalb der Gruppe erfordert dauernd Planungen, Entscheidungen und die permanente Kontrolle, ob zum Beispiel die Organisation der Gruppe noch optimal ist. Das sind Aufgaben des Führenden, die ständige Menschenführung – also Anweisungen und Gespräche – erforderlich machen. Nur wenn die Gruppenorganisation

Führen nach innen

Führen nach außen stimmt, kann die Gruppe erfolgreich nach außen aktiv werden und die ihr gestellten Ziele erreichen, wozu der Gruppenführer wiederum planen, entscheiden, kontrollieren und letztlich Menschen führen muss. Eine zusätzliche Führungsaufgabe für den Gruppenführer ist, dass sich seine Tätigkeit auch auf Nichtmitglieder der Gruppe, wie Kollegen, Vorgesetzte, Lieferanten, Kunden usw., erstrecken muss. Auch deren Aktivitäten muss der Gruppenführer bündeln, um die Gruppenziele zu erreichen.

In diesem Buch habe ich mich im Wesentlichen darauf konzentriert, den kommunikativen Teil des Führens – also das Reden mit und zu den angeleiteten Menschen – zu behandeln. Ich versuche, Ihnen Folgendes nahe zu bringen: Wie können Sie die Inhalte von Gesprächen und Vorträgen, die ja feststehen, weil Sie damit festgelegte Ziele erreichen müssen, so formulieren und darstellen, dass Ihre Gesprächspartner und Hörer diese – für sie vielleicht sogar unangenehmen – Inhalte rational und/oder emotional annehmen?

Zusammenfassung
Menschen zu führen heißt, sie im eigenen Sinne zu beeinflussen. Dies ist wesentlich einfacher mit den Betroffenen als gegen sie – beispielsweise mithilfe des Machtdiktats. Zustimmung aus Überzeugung und/oder aus einer positiven Gefühlslage (Beziehungsebene!) wiegt schwerer als Gefolgschaft aus Angst.

Verstand und Gefühl

Wie schon erwähnt, brauchen Sie zum Erreichen Ihrer Ziele Helfer. Nicht immer sind diese Helfer mit den von Ihnen vorgegebenen Zielen einverstanden. Wieder andere Helfer sind zwar mit den Zielen einverstanden, aber nicht mit den Wegen, auf denen diese Ziele erreicht werden sollen.

Wenn Sie als Führungskraft das Erreichen Ihrer Ziele nicht gefährden wollen, weil dadurch unter Umständen das ganze Unternehmen gefährdet werden könnte, müssen Sie die widerstrebenden Helfer austauschen oder sie zwingen, sich der geforderten Zielerreichung anzuschließen. Das bedeutet, dass diese gegen ihren Willen etwas tun oder tolerieren müssen. Dadurch werden sie nach der geltenden Terminologie zum „loser" mit vermutlich verletztem Selbstwertgefühl.

Wozu das führen kann, wurde schon beschrieben: zur Aggression oder zur Resignation. Das ist für alle Beteiligten nicht nützlich, weder für den Betroffenen noch für den Führenden und vor allen Dingen nicht für das soziale Gebilde (zum Beispiel ein Unternehmen), dem beide dienen. Und damit für alle Mitarbeiter.

Was können Sie als Führender dagegen tun? Wie können Sie die „Abweichler" dazu bringen, Ihnen beim Erreichen der angestrebten Ziele zu helfen, ohne sie zu „losern" zu machen?

Überzeugen oder emotional motivieren

1. Sie überzeugen Ihre Mitarbeiter mit logischen Argumenten davon, dass Ihre Meinung besser ist (auf der Sachebene, vgl. Seite 127, wozu Sie sich partnerbezogen verhalten müssen).
2. Sie gewinnen Ihre Mitarbeiter eben durch dieses partnerbezogene Verhalten emotional für Ihre Seite (auf der Beziehungsebene, vgl. Seite 127).

Mit anderen Worten: Sollte Überzeugen nicht möglich sein, so bleibt Ihnen immer noch, durch partnerbezogene Anweisungen, die das Selbstwertgefühl der Angewiesenen nicht verletzen, diese zu motivieren, Ihnen zu folgen. Sie werden sie dadurch zwar nicht überzeugen, aber Sie werden sie wahrscheinlich emotional dazu bringen, ohne Widerstand das zu tun, was Sie von ihnen erwarten. Am besten ist es natürlich, wenn Sie die Mitarbeiter sowohl rational wie auch emotional gewinnen.

Positiv motivieren

Die positive Motivation von Abhängigen gilt häufig als psychologischer Trick. Viele Führungskräfte wollen es einfach nicht glauben, dass Menschen aus Freude an der Arbeit Beachtliches leisten können, dass Arbeit Spaß machen kann und dass man in ihr aufgehen kann, um etwas zu leisten, auf das man stolz ist.

Leistungsbereit-schaft wecken Sehen Sie sich doch Ihre Mitbürger an, die bis zur Selbstaufgabe ihre Autos waschen und polieren und darüber das Mittagessen vergessen. Oder denken Sie an den Amateursport. Welche Leistungen werden hier vollbracht! Es sind durchaus anstrengende Tätigkeiten – zumeist anstrengender als die normale Berufsarbeit. Sie erfordern viele Opfer und Unbequemlichkeiten und sind manchmal sogar gefährlich und teuer. Das alles nehmen unsere Mitbürger aber auf sich, weil es ihnen Spaß macht. Meinen Sie nicht auch, dass diese freudige Bereitschaft bei der beruflichen Arbeit ebenfalls zu erreichen wäre, wenn diese mehr Spaß machen würde?

Wie können Sie eine solche Motivation bei Ihren Mitarbeitern wenigstens annähernd erreichen? Die Motivation Ihrer Mitarbeiter fällt in Ihre Zuständigkeit und liegt in Ihrer Hand – in der Hand des Vorgesetzten. So, wie Sie sich selbst entfalten wollen, sollten Sie den Mitarbeitern bei deren Selbstentfaltung helfen,

- indem Sie ihnen das Recht auf eine eigene Meinung zugestehen,
- indem Sie diese Meinung respektieren (nicht tolerieren!),
- indem Sie ihr Selbstwertgefühl achten und aufbauen,
- indem Sie sie erfolgreich werden lassen.

Diese Haltung entspricht der Achtung vor der Einmaligkeit und Würde des Menschen, so wie sie im ersten Artikel des Grundgesetzes als unantastbar geschützt ist.

Außerdem bringt diese Einstellung zu den Menschen – speziell aber zu denen, die Sie zu führen haben – große Vorteile, auch in Euro und Cent; denn sie sorgt für effizienteres Arbeiten. Das Machtdiktat sorgt für das genaue Gegenteil, denn es motiviert ausschließlich negativ.

Machtdiktate sind Verstöße gegen die Menschenwürde.

Erinnern Sie sich an die Beispiele für nicht umkehrbare Äußerungen aus den vorherigen Kapiteln? Hier einige weitere Beispiele:

- „Das sehen Sie völlig falsch."
- „Das hätten Sie nicht machen dürfen."
- „Nicht einmal das können Sie."
- „Ehe ich Ihnen das erkläre, mache ich es lieber selber."
- „Mir ist zu Ohren gekommen …"
- „Das haben Sie mal wieder gründlich in den Sand gesetzt."
- „Das unterlassen Sie in Zukunft gefälligst."

Für sich gesehen scheinen manche dieser Äußerungen ganz harmlos zu sein. Außerdem kommt es natürlich auf den Ton an, in dem etwas gesagt wird. Auch sind wir es gewohnt, so zu formulieren und solche Formulierungen zu hören. Aber niemand von uns lässt gerne so mit sich reden. Solche Äußerungen sind fast nie zieldienlich.

Machtdiktate sind kontraproduktiv

Sach- und Beziehungsebene

Sie haben einige der Gründe kennen gelernt, aus denen das Machtdiktat auch gegen besseres Wissen immer wieder angewendet wird. Diese Gründe erklären den Automatismus seiner Anwendung. Wie können Sie diesen Automatismus ausschalten? Was können Sie als Führungskraft im Gespräch anstelle des demotivierenden Machtdiktats einsetzen, um Ihre(n) Mitarbeiter für Ihre Absicht zu gewinnen?

Ich sage es jetzt zum dritten Mal, weil es darauf ankommt:

> **Sie müssen dem Mitarbeiter zu erkennen geben, dass Sie ihn als Partner respektieren, dass Sie seine Meinung für wichtig halten, dass Sie sie ernst nehmen, auch wenn Sie sie nicht teilen, sondern völlig anderer Meinung sind.**

Glaubwürdig führen

Und es muss Ihnen damit ernst sein. Sie müssen überzeugt davon sein, dass der Gesprächspartner das Recht auf eine eigene – auf seine – Meinung hat. Wer als „Masche" nur so tut, als ob er die abweichende Meinung des anderen respektiert, der wird sehr schnell durchschaut und wird den Partner nicht gewinnen. Wer aber mit dieser Überzeugung führt, kann erreichen, dass der Mitarbeiter ihm sehr viel vertrauensvoller, vorurteilsloser und damit positiver zuhört. Es entsteht ein „Sympathiefeld" zwischen den Gesprächspartnern, das dafür sorgen kann, dass der Mitarbeiter dem Vorgesetzten folgt, auch wenn er anderer Meinung ist.

Übrigens: Dadurch, dass Sie Ihrem Mitarbeiter zuhören und seine Meinung respektieren, können Sie als Vorgesetzter unter Umständen sogar die Meinung des anderen so gut finden, dass Sie sie annehmen oder einen Kompromiss finden. Diese positive Grundstimmung tritt nicht so leicht ein, wenn Sie als Führender dem Mitarbeiter nicht sympathisch sind, also kein Sympathiefeld aufgebaut wurde.

„The medium is the message"

„The medium is the message", schrieb McLuhan, ein kanadischer Wissenschaftler. Das heißt: So, wie ich den, der zu mir spricht, empfinde, so empfinde ich auch seine Botschaft, das, was er zu mir sagt. Vereinfacht ausgedrückt: Finde ich ihn gut, finde ich auch das gut, was er mir sagt. Finde ich ihn nicht gut, mag ich das nicht, was er mir sagt.

Es fiel schon häufiger das Wort „Beziehungsebene". Die zwischenmenschliche Kommunikation spielt sich auf zwei Ebenen ab:

- der Sachebene, die man vereinfacht auch als Verstandesebene bezeichnen könnte,
- der Beziehungsebene, die man vereinfacht auch als Gefühlsebene bezeichnen könnte.

Es ist unbestritten, dass man bei einem Gespräch sein Ziel leichter erreichen kann, wenn zwischen den Gesprächspartnern die Beziehungsebene positiv ist. Erinnern Sie sich daran, dass Ihnen in der Kindheit oder Jugend ein Erwachsener etwas geraten hat und dass Sie damals durchaus eingesehen hatten, dass dieser Rat gut war und Sie ihn eigentlich befolgen sollten. Sie haben ihn aber trotz dieser Einsicht nicht befolgt. Warum? Weil Sie den Ratgeber nicht leiden konnten. Können Sie sich erinnern? Wahrscheinlich ja.

Die „Wellenlänge" muss stimmen

Die negative Beziehungsebene (Gefühl) hat – trotz besserer Einsicht – verhindert, dass der Ratgeber sich auf der Sachebene (Verstand) durchsetzen konnte. Solches geschieht natürlich nicht nur in der Kindheit, sondern in allen Altersstufen.

Die Beziehungsebene beeinflusst das Verhalten.

Sie können je nach Ihrer Position in einem Gespräch der Stärkere oder der Schwächere sein. Sind Sie der Stärkere, könnten Sie das Machtdiktat einsetzen. Sind Sie der Schwächere und müssten Sie ein Machtdiktat erleiden, dann wäre die Beziehungsebene – von Ihnen aus gesehen – völlig negativ. Das kann aber weder Ihnen noch Ihrem (stärkeren) Gesprächspartner recht sein; denn jeder von Ihnen will ja sein Gesprächsziel erreichen. Und dafür ist eine positive

Beziehungsebene wichtig. Was also tun? Diese Frage stellt sich für Sie in jedem Fall:

- Wenn Sie der Stärkere sind: Wie setze ich mich auch ohne Machtdiktat durch?
- Wenn Sie der Schwächere sind: Wie wehre ich das Machtdiktat erfolgreich ab, ohne das Selbstwertgefühl des Stärkeren zu verletzen (was sehr unangenehme Folgen haben kann)?

Ich habe schon darauf hingewiesen, dass auch bei Gesprächen hierarchisch Gleichberechtigter häufig der Versuch gemacht wird, den Gesprächspartner durch Anwendung des Machtdiktats zu besiegen. Auch in diesem Fall besteht die Gefahr, dass der Verlierer sich rächt.

Im Folgenden stelle ich Ihnen verschiedene Praxisfälle vor, meist Situationen zwischen Vorgesetzten und Mitarbeitern, die partnerbezogenes Verhalten jeweils aus unterschiedlicher Perspektive beleuchten.

Zusammenfassung

Kommunikation findet stets auf zwei Ebenen statt: Auf der Sachebene geht es um Inhalte; hier dominiert der Verstand. Auf der Beziehungsebene geht es um die begleitenden Gefühle in einem Gespräch. Stimmt die Beziehungsebene zwischen den Gesprächspartnern nicht, kommt es zu Problemen auf der Sachebene: Lehnt jemand gefühlsmäßig eine Sache oder eine Person ab, ist er nicht aufnahmebereit für sachliche Informationen.

Praxisfälle

6 Praxisbeispiele Es folgen sechs Fälle, die sich in verschiedenen Unternehmen abgespielt haben. Die Mehrzahl dieser Fälle zeigt reines Machtdiktat, das heißt, der Vorgesetzte wollte den Mitarbeiter – bewusst oder unbewusst – besiegen. Wir haben in einigen Seminaren diese Fälle weiterentwickelt, und zwar in zwei Richtungen:

1. Wie hätten die Mitarbeiter auf das Machtdiktat des Vorgesetzten reagieren können oder sollen?
2. Wie hätte der Vorgesetzte das Machtdiktat mit seinen für ihn unangenehmen Folgen vermeiden und sich trotzdem durchsetzen können?

Zu 1.: Wie hätten die Mitarbeiter auf das Machtdiktat des Vorgesetzten reagieren können oder sollen?

Auf das Machtdiktat des Vorgesetzten gibt es drei mögliche Reaktionen des Mitarbeiters:
a) *Resignation:* Der Mitarbeiter bleibt still und erleidet das Machtdiktat. Es bleibt offen, ob er sich später rächen wird. Diese Reaktion haben wir in den Fällen nicht weiter berücksichtigt.
b) *Aggression:* Der Mitarbeiter wehrt sich mit negativen Du-Aussagen. Das geht meistens nicht gut für ihn aus.
c) *Partnerbezogen:* Der Mitarbeiter begegnet dem Machtdiktat mit den Mitteln des partnerbezogenen Verhaltens. Er erreicht dadurch in vielen Fällen, dass der Vorgesetzte ebenfalls auf umkehrbare Formulierungen umschaltet und so das Selbstwertgefühl seines Mitarbeiters wiederherstellt.

Zu 2.: Wie hätte der Vorgesetzte das Machtdiktat mit seinen für ihn unangenehmen Folgen vermeiden und sich trotzdem durchsetzen können?

Am Schluss eines jeden Falles haben wir den Vorgesetzten anstelle des Machtdiktats partnerbezogen agieren beziehungsweise reagieren lassen – mit der Aussicht, ohne Umweg zu einem sachlichen Gespräch zu kommen.

Bitte sehen Sie diese Fälle aufmerksam durch. An ihnen können Sie besonders gut die Vorteile des partnerbezogenen Verhaltens erkennen. Fast jeder von Ihnen ist persönlich doppelt vom Inhalt dieser Fälle betroffen: als Vorgesetzter und als Mitarbeiter, denn viele von Ihnen sind ja beides.

Individuelle Worte finden Selbstverständlich werden Sie später in Ihrer eigenen Umgebung andere, individuelle Worte verwenden. Wenn Sie inzwischen erkannt haben, welche Vorteile es bringt, andere Meinungen ernst zu nehmen (ganz abgesehen vom ethischen Anspruch), wenn Sie aus Überzeugung Ihr Verhalten geändert haben, dann werden Sie als Vorgesetzter automatisch nicht mehr das Machtdiktat anwenden, sondern partnerbezogen führen. Und als Mitarbeiter werden Sie auf Resignation und Aggression verzichten, weil Sie mit partnerbezogenem Verhalten in der Regel den führenden Gesprächspartner dazu bringen werden, das Machtdiktat fallen zu lassen und stattdessen ebenfalls umkehrbar zu formulieren und so zu einem Gespräch zu kommen.

Übrigens wird es gar nicht nötig sein, jede einzelne Regel des partnerbezogenen Verhaltens bewusst anzuwenden: Bei einer ehrlichen Verhaltensänderung werden Sie ganz von selbst (automatisch) partnerbezogen sprechen und argumentieren.

1. Fall: „Freundliches" Machtdiktat

Situation
Die Sachbearbeiterin Anna Angenendt sitzt am PC, um eine wichtige Terminarbeit zu erledigen. Ihr Kollege, Herr Anders vom Vertrieb, braucht das Ergebnis ihrer Arbeit ganz schnell zur Vorlage bei einem bedeutenden Kunden. Sie ist zeitlich im Verzug, weil Herr Arger, ihr Vorgesetzter, sie mit anderen dringenden Arbeiten eingedeckt hat. Jetzt klingelt das Telefon, am Apparat ist Herr Arger.

Arger: „Bitte kommen Sie doch gleich mal zu mir." (Arger sitzt zwei Stockwerke höher.)

Frau Angenendt ist nicht glücklich über diese Störung. Aber es ist ihr Chef, also muss sie spuren. Arger begrüßt sie liebenswürdig. Er ist überhaupt ein freundlicher Mensch und schätzt Frau Angenendt als tüchtige Mitarbeiterin.

Arger: „Also, Frau Angenendt, ich muss nachher zum Vorstand – in einer wichtigen Sache. Und wenn ich denn schon einmal dort bin, möchte ich endlich mal den Fall ‚Antweiler' zur Sprache bringen. Bitte unterrichten Sie mich über den augenblicklichen Stand der Dinge."

Angenendt: „Herr Arger, es tut mir Leid, aber ich brauche dazu meine Unterlagen."

Arger: „Gut, dann holen Sie sie bitte."

Analyse

- Angenendt kann die Arbeit für Herrn Anders (Vertrieb) nicht rechtzeitig abliefern, da die Unterredung mit Herrn Arger einige Zeit dauert.

- Anders muss den Kunden, für den er die Unterlagen von Angenendt braucht, vertrösten. Der Kunde ist verärgert.

- Angenendt vertrödelt Zeit dadurch, dass sie zurück in ihr Büro gehen muss, um die Unterlagen zu holen; denn Arger hatte ihr am Telefon nicht gesagt, was er von ihr will.

- Sie ist – je nach Temperament – verärgert oder traurig, auf jeden Fall aber verletzt, weil sie ihre Arbeit von ihrem Chef nicht ernst genommen sieht. Er hat nicht gefragt, woran sie gerade arbeitet, ob er stört, ob das, was sie gerade macht, wichtiger ist als das, was er von ihr will. Auch dass er sie einmal vergebens kommen lassen hat, ärgert sie.

- Da Ähnliches schon öfter passiert ist, beschließt sie, die Dinge in Zukunft leichter zu nehmen und sich nicht mehr aufzuregen. Es ist ja viel einfacher, „Dienst nach Vorschrift" zu machen.

- Sie wird überall erzählen, was Arger ihr „Arges" angetan hat.

■ Die Beziehungsebene zwischen beiden ist stark lädiert. Angenendt wird vielleicht den Mut finden, ihr verletztes Selbstwertgefühl dadurch zu heilen, dass sie Arger heimlich schadet.

■ All das tut dem Unternehmen nicht gut.

1. *Wie hätte Frau Angenendt auf das Machtdiktat von Herrn Arger reagieren können oder sollen?*

a) Resignieren: Also die Verletzung des Selbstwertgefühls zunächst hinnehmen. Später aber „Dienst nach Vorschrift" und/oder Wiederherstellung des Selbstwertgefühls durch Rache.

b) Aggressiv reagieren: Angenendt: „Also, Herr Arger, bitte nehmen Sie es mir nicht übel, aber ich habe im Augenblick überhaupt keine Zeit. Schließlich gehen die Kunden ja vor, und ich arbeite gerade an einem ganz wichtigen Auftrag vom Vertrieb."

Sachlich ist das völlig korrekt. Aber für einen Vorgesetzten – auch für einen gutartigen – könnte diese Antwort eine Zumutung sein. Er würde dann entsprechend reagieren. Also vielleicht besser so:

c) Partnerbezogen reagieren: Angenendt: „Es ist mir sehr unangenehm, Herr Arger, aber wenn ich jetzt meine Arbeit unterbrechen müsste, gäbe es Ärger. Herr Anders vom Vertrieb braucht ganz eilig die detaillierten Unterlagen für den Reklamationsfall Achkirch. Der Kunde erwartet ihn noch heute. Wäre es sehr schlimm, wenn ich erst in etwa anderthalb Stunden zu Ihnen käme? Bis dahin bin ich fertig."

Vermutlich hätte Herr Arger das akzeptiert; denn weil Frau Angenendt keine negative Reaktion gezeigt hätte, hätte sich Arger auch nicht angegriffen gefühlt (wie bei Reaktion b).

Er hätte sich also nicht verteidigen müssen. Die Beziehungsebene wäre positiv geblieben. Arger hätte die Argumente
ohne Arg geprüft, und seine Entscheidung wäre vermutlich
zugunsten von Angenendt ausgefallen. Ein positiv empfun-
dener Sender (Angenendt) zieht eben oft eine positive
Bewertung der Botschaft nach sich. (The medium is the message.)

Im Einzelnen sieht das so aus: Statt Arger wegen seines
unqualifizierten Ansinnens („Bitte kommen Sie doch gleich
mal zu mir") anzugreifen oder beleidigt zu reagieren (zum
Beispiel: „Hören Sie mal, ich habe schließlich auch noch
anderes zu tun!"), reagiert Frau Angenendt mit einer Ich-
Aussage; das heißt, sie sagt, was sie im Augenblick fühlt. („Es
ist mir sehr unangenehm, wenn ich jetzt …").

Sie sagt nicht: „Sie stören mich!" (Negative Du-Aussage),
sondern verwendetet die wesentlich weniger aggressive Ich-
Aussage, die ja immer umkehrbar ist.

*2. Wie hätte Herr Arger das Machtdiktat mit seinen für
ihn unangenehmen Folgen vermeiden und sich trotzdem
(partnerbezogen) durchsetzen können?*

Er hätte die Meinung von Frau Angenendt ernst nehmen
müssen (er hatte sie überhaupt nicht danach gefragt) und am
Telefon sagen können:
Arger: „Frau Angenendt, darf ich fragen, was Sie gerade
machen? Ich hätte Sie nämlich gerne gesprochen."

Dann hätte Angenendt die Chance gehabt, zu sagen, was ihr
wichtig war, und hätte sich respektiert gefühlt. Wenn dann
beide – Arger und Angenendt – zur Überzeugung gekommen
wären, dass Argers Anliegen wichtiger ist, dann hätte er ihr
natürlich auch noch sagen müssen, warum sie zu ihm kommen solle, damit sie die Unterlagen gleich mitgebracht hätte.

2. Fall: Zu ehrlich oder zu feige?

Situation

Im Unternehmen ist es üblich, leitende Mitarbeiter nicht von auswärts zu holen, sondern Beförderungen aus dem eigenen Mitarbeiterpotenzial vorzunehmen. So ist es nicht ungewöhnlich, dass der Abteilungsleiter Blomberg auf die frei gewordene Stelle eines Hauptabteilungsleiters reflektiert. Er bittet den zuständigen Bereichsleiter Bühler um einen Besprechungstermin.

Bühler kann sich denken, worum es sich handelt. Er ist sich aber mit der Geschäftsleitung einig, dass eine Beförderung Blombergs nicht infrage kommt. Blomberg ist ein guter Abteilungsleiter im Entwicklungsbereich, sehr kreativ, aber kein besonders guter Menschenführer. Es wäre wünschenswert, ihn auf dem Posten, den er jetzt innehat, zu belassen.

Die Besprechung beginnt. Bühler, als Ranghöherer, eröffnet das Gespräch.

Bühler: „Nun, Herr Blomberg, was haben Sie auf dem Herzen?"
Blomberg: „Schön, dass Sie mich das fragen. Ich bin jetzt fast zehn Jahre in der Firma und habe, so glaube ich wenigstens, meine Arbeit immer zufrieden stellend erledigt. Ich meine, das hätte eigentlich eine Beförderung verdient. Herr Baas, mein Hauptabteilungsleiter, geht ja jetzt in den Ruhestand. Ich möchte Sie bitten, mir diese Position zu geben."

- Bühler (1. Antwortmöglichkeit): „Ich habe es mir fast gedacht. Hören Sie mal, Herr Blomberg, zeigt dieser Wunsch nicht eine gewisse Selbstüberschätzung? Da, wo Sie jetzt sind, ist Ihre Arbeit ok. Aber Hauptabteilungsleiter? Bitte nehmen Sie es mir nicht übel, dafür sind Sie nicht geeignet."
Oder:
- Bühler (2. Antwortmöglichkeit): „Mein lieber Herr Blomberg, natürlich ist Ihr Wunsch verständlich. Nur leider – die Stelle ist bereits besetzt. Die Geschäftsleitung hat an-

ders entschieden. Ich bedaure das wirklich sehr, aber machen Sie mal was gegen eine Entscheidung von oben. Ich bin aber ganz sicher, dass es bei der nächsten freien Stelle klappen wird."

Analyse

- Über die 1. Antwort wird sich Blomberg nicht sonderlich freuen. Bühler sagt ihm klipp und klar, dass er größenwahnsinnig ist und völlig ungeeignet für die angestrebte Position – und das ohne jede Begründung.
- Blombergs Selbstwertgefühl bekommt einen gewaltigen Schlag, seine Arbeitsfreude auch. Es ist kaum anzunehmen, dass er in der Firma bleiben wird. Bühler Gesprächsziel, ihn in der jetzigen Position zu halten, ist also zumindest stark gefährdet.
- Bei der 2. Antwort lügt Bühler. Es stimmt nicht, dass die Stelle schon besetzt ist; zumindest hätte Bühler das verhindern können.
- Bühler hat diese Entscheidung keineswegs bedauert.
- Die schlimmste Lüge ist die letzte: Bühler denkt gar nicht daran, Blomberg zu befördern – auch in Zukunft nicht. Er zeigt eine ganz miese Haltung, nur um einer unangenehmen Unterhaltung aus dem Weg zu gehen.
- Auch die Eröffnungsworte: „Mein lieber Herr Blomberg …" sind gemein. Erstens ist es eine Lüge – er findet ihn überhaupt nicht lieb –, und zweitens ist die Bemerkung nicht umkehrbar, Blomberg könnte das umgekehrt nicht zu Bühler sagen.

1. Wie hätte Blomberg auf das Machtdiktat von Bühler reagieren können oder sollen?

a) Resignieren: Also die Verletzung des Selbstwertgefühls zunächst hinnehmen. Später „Dienst nach Vorschrift" und/oder Wiederherstellung des Selbstwertgefühls durch Rache.

b) Aggressiv reagieren:

■ Blomberg (Reaktion auf Antwort 1.): „Also, Herr Bühler, das muss ich mir nicht gefallen lassen! Das können Sie überhaupt nicht beurteilen!"

■ Blomberg (Reaktion auf Antwort 2.): „Also, Herr Bühler, machen Sie mir doch nichts vor. Ich weiß ganz genau, dass über die Stelle noch nicht entschieden ist. Und was die nächste freie Stelle betrifft, da fällt Ihnen bestimmt wieder eine gute Ausrede ein!"

Durch beide Antworten würde die Beziehungsebene in Zukunft ganz negativ beeinflusst. Vermutlich hätte Blomberg zukünftig nicht viel Freude an seiner Arbeit, weil Bühler ihn schikanieren würde.

c) Partnerbezogen reagieren: Blomberg (Reaktion auf Antwort 1.): „Ich bin sehr betroffen, dass Sie mich so beurteilen. Ich meine, das habe ich nicht verdient. Wenn Sie mir die Chance geben, könnte ich Ihnen beweisen, dass Sie mich vielleicht unterschätzen."

Ganz wichtig ist es, dass Blomberg nicht beleidigt reagiert oder Bühler Vorwürfe macht. Mit der umkehrbaren Ich-Aussage: „Ich bin sehr betroffen, dass Sie mich so beurteilen" zeigt er seine Verletzung. Daran kann Bühler nicht gelegen sein. Er will ihn ja auf dem jetzigen Posten halten. Darum wird er zwar nicht in der Sache nachgeben, aber vermutlich in den Formulierungen umkehrbar werden und damit Blomberg sein Selbstwertgefühl zurückgeben. Dadurch wird dann ein vernünftiges weiterführendes Gespräch möglich.

Bei der 2. Antwort wird Blomberg es sehr schwer haben, Bühler zu einer Meinungs- oder Formulierungsänderung zu bringen. Er kann ihn ja wohl kaum einen Lügner nennen. Um aber die wirkliche Meinung von Bühler zu erfahren und zu erreichen, dass dieser Blombergs Anliegen ernst nimmt (was er ja in beiden Antworten nicht tut), könnte er zum Beispiel Folgendes sagen:

Blomberg: „Ich habe das Gefühl, dass Sie mich schonen wollen. Bitte tun Sie das nicht. Ich bin an Ihrer wirklichen Meinung interessiert, auch wenn sie mir vielleicht nicht gefällt."

Jetzt besteht die Chance, dass Bühler (vermutlich sogar umkehrbar) seine wirkliche Meinung sagt und Blomberg nicht hinhält.

2. Wie hätte Bühler das Machtdiktat beziehungsweise die Lügen mit ihren für ihn unangenehmen Folgen vermeiden und sich trotzdem (partnerbezogen) durchsetzen können?

Bühler: „Ich bin froh, dass Sie das anschneiden, Herr Blomberg. Ich hätte es von mir aus auch angesprochen. Ich sehe Sie ganz anders: Sie leisten dort, wo Sie jetzt sind, gute Arbeit. Ihre Fähigkeiten liegen eindeutig im kreativen Bereich. Menschenführung ist nicht so sehr Ihre Stärke. Als Hauptabteilungsleiter im Bereich Entwicklung würde aber das Schwergewicht Ihrer Arbeit auf der Menschenführung liegen, nicht mehr so sehr auf der Kreativität. Wir würden also mit Ihrer Beförderung weder Ihnen noch der Firma einen Gefallen tun."

Jetzt hat Bühler die Karten offen auf den Tisch gelegt, hat nichts verschleiert oder beschönigt. Aber er hat umkehrbar formuliert und die Meinung Blombergs nicht angegriffen, nicht bagatellisiert oder lächerlich gemacht. Dadurch bleibt Blombergs Selbstwertgefühl intakt. Bühler hat deutlich seine Meinung und die der Geschäftsleitung gesagt, was Blomberg natürlich nicht gefällt. Aber er weiß jetzt genau, woran er ist, und kann unbelastet durch verletztes Selbstwertgefühl abwägen, was er tun wird.

3. Fall: Angst vor der Wahrheit

Situation

Herr Conradi ist Abteilungsleiter der Qualitätskontrolle in einer Maschinenfabrik. Die Arbeit macht ihm Freude, und er ist erfolgreich. Seine Mitarbeiter respektieren und mögen ihn, was man von den Mitarbeitern der Fertigung, die er kontrolliert, nicht unbedingt sagen kann. Die haben nämlich das Gefühl, von ihm schlecht behandelt zu werden. Sein Ton sei barsch und unfreundlich, behaupten sie. Einige Meister und Ingenieure haben sich wiederholt bei Conradis Chef, Herrn Carstens, darüber beschwert. Carstens hat bisher Conradi gegenüber nichts gesagt, da er ihn sehr schätzt und die Ergebnisse seiner Arbeit einwandfrei sind. Als aber sein Kollege von der Fertigung ihn ebenfalls anspricht, seine Mitarbeiter hätten sich auch bei ihm über Conradi beschwert, beschließt er, Conradi kommen zu lassen, um mit ihm über die Beschwerden zu reden. Sein Ziel ist es, Conradi zu einem konzilianteren Ton gegenüber den Mitarbeitern der Fertigung zu bewegen.

Conradi sitzt bei Carstens. Dieser will Conradi nicht verärgern und beginnt deshalb ganz vorsichtig:

Carstens: „Herr Conradi, wie schön, dass wir mal wieder füreinander Zeit haben. Erzählen Sie mir doch bitte, was es in Ihrer Abteilung Neues gibt. Ich freue mich übrigens immer wieder darüber, wie motiviert Ihre Mitarbeiter sind."

Conradi: „Daran hat sich bisher nichts geändert."

Carstens: „Ja, ich sage immer, es geht nichts über ein gutes Betriebsklima. Das finden Sie doch auch, oder nicht?"

Conradi: „Natürlich. Ich halte es sogar für sehr wichtig!"

Carstens: „Besonders wichtig ist es nicht nur innerhalb einer Abteilung, sondern auch zwischen den einzelnen Abteilungen und Betriebsteilen. Ich wünsche mir sehr, dass Sie darauf besonders achten."

Conradi: „Das tue ich schon immer."

Carstens: „Sehr gut, sehr gut. Bitte legen Sie darauf weiter ganz besonderen Wert."

Der Dialog geht noch eine Zeit lang so weiter. Dann verabschiedet Carstens Conradi sehr freundlich und hochbeglückt, dass er das schwierige Gespräch so elegant abgewickelt hat. Er ist überzeugt, dass Conradi jetzt ganz genau weiß, in welcher Beziehung er sich ändern muss.

Analyse

- Conradi fragt sich, was der Chef eigentlich von ihm wollte. Er konnte es nicht merken, denn Carstens hat ja außer dunklen Andeutungen und wolkigen Gemeinplätzen nichts gesagt.
- Carstens hat Angst, die Tatsachen auf den Tisch zu legen, denn Conradi könnte ja aggressiv werden.
- Es ist möglich, dass Conradi Grund hat, unwirsch gegenüber den Kollegen der Fertigung zu sein. Dann ist es Carstens Aufgabe, diesen Grund herauszufinden und zu beseitigen, um Conradis barschen Ton zu verändern.
- Sollte es keinen Grund geben, muss Carstens Conradi erst recht bewegen, seinen Ton zu ändern.
- Carstens tut beides nicht, sondern schleicht „wie die Katze um den heißen Brei" um das Problem herum. Dadurch verstößt Carstens gegen die wichtige Regel: „Schnell und deutlich zur Sache kommen".

1. Wie hätte Conradi auf Carstens unklare Äußerungen reagieren können oder sollen?

a) Resignieren: Also nichts tun, da er nicht verstanden hat, worum es geht.

b) Aggressiv reagieren:
   Conradi: „Was soll das Ganze? Was wollen Sie eigentlich von mir? Ich verstehe immer nur ‚Bahnhof'!"

Diese oder eine ähnliche Antwort hätte Carstens vermutlich geärgert mit allen Konsequenzen, die mit dem Ärger eines Vorgesetzten für den Mitarbeiter verbunden sein können.

c) Partnerbezogen reagieren:
Eigentlich kann Conradi überhaupt nicht reagieren. Er weiß ja nicht, was Carstens von ihm will. Außerdem wurde er weder angegriffen noch mit dem Machtdiktat konfrontiert. Aber er wird durch Carstens Haltung verunsichert. Er hätte sagen können:

Conradi: „Ich habe das Gefühl, Sie wollen mir etwas Wichtiges mitteilen. Ich verstehe jedoch nicht, was Sie meinen."

Vermutlich hätte sich Carstens dann etwas deutlicher ausgedrückt.

2. Wie hätte Carstens partnerbezogen agieren, also schnell und deutlich zur Sache kommen können?

Sein Ziel musste es sein, Conradi zu bewegen, seinen Ton gegenüber den Mitarbeitern der Fertigung zu ändern, um die Zusammenarbeit nicht zu gefährden. Mit umkehrbaren Formulierungen hätte er das Problem beherzt angehen können, ohne Angst vor aggressiven Reaktionen Conradis.

Carstens: „Ich habe ein Problem, Herr Conradi. Seit einiger Zeit bekomme ich immer wieder Klagen von den Kollegen der Fertigung zu hören, die behaupten, sie würden von Ihnen schlecht behandelt. Haben Sie auch das Gefühl, dass die Chemie zwischen Ihnen und der Fertigung nicht ganz stimmt?"

Nun kann sich – ohne Aggression – ein Dialog entwickeln, denn Carstens hat umkehrbar formuliert, er hat Conradi weder beschuldigt noch verurteilt und ihn durch eine partnerbezogene Frage zur Stellungnahme aufgefordert. Etwas Wichtiges hat er beherzigt: Er hat Conradi nicht aufgrund von „Hörensagen" beschuldigt, sondern seine Meinung eingeholt. Dieser Dialog erfordert von Seiten Carstens Geschick, kann aber dazu führen, dass das Problem gelöst wird.

4. Fall: Unpünktlichkeit

Situation

In der Firma ist es üblich, jedes Jahr mit allen Mitarbeitern Einzel-
gespräche zu führen. Die Führenden haben dann Gelegenheit,
ihre Mitarbeiter zu beurteilen, Lob und Tadel zu verteilen, Miss-
verständnisse auszuräumen usw.

Herr Drasal wird von seinem Vorgesetzten Dierdorf nicht in allen
Punkten positiv beurteilt. Dierdorf gefällt es nicht, dass Drasal
ziemlich langsam arbeitet – zwar gründlich, aber langsam. So kommen zum Beispiel die Monatsberichte der Abteilung Drasals im
Schnitt immer drei bis vier Tage nach dem festgesetzten Termin.
Auch sonst hält sich Drasal nur selten an vereinbarte Termine. Er ist
keineswegs nachlässig, sondern im Gegenteil übergenau. Das ist
der Grund für die Terminüberschreitungen. Dierdorf hat beschlos-
sen, endlich einmal deutlich zu werden, um Drasal Pünktlichkeit
beizubringen:

Dierdorf: „Sie verderben sich Ihre durchaus positiven Leistungen immer wieder durch Ihre Unpünktlichkeit. Die grenzt an Schlamperei.
Und ich bin es jetzt wirklich leid! Nehmen Sie sich doch endlich mal
zusammen, und versuchen Sie doch wenigstens mal, Termine ein-
zuhalten. Solange das nicht klappt, fällt jede Gehaltserhöhung
flach!"

Analyse

▨ Dierdorf hat aus seinem Herzen wahrlich keine Mörder-
grube gemacht, sondern – wie er meint – ehrlich und
offen seine Meinung gesagt.

▨ Drasal ist am Boden zerstört. Schließlich leistet er doch
wirklich gute Arbeit.

▨ Er betrachtet Dierdorf, den er bisher gut leiden konnte,
jetzt als Gegner (Beziehungsebene!).

▨ Drasals Sicht: Wenn Dierdorf lieber schlampige Arbeit
haben möchte, nur damit die Termine eingehalten werden,
bitte – das kann er haben!

■ Drasal wird sich in Zukunft kein Bein mehr für die Firma ausreißen. Fleiß und Genauigkeit werden ja offensichtlich nicht honoriert.

1. Wie hätte Drasal auf das Machtdiktat von Dierdorf reagieren können oder sollen?

a) Resignieren: Also die Verletzung des Selbstwertgefühls zunächst hinnehmen. Später „Dienst nach Vorschrift" und/oder Wiederherstellung des Selbstwertgefühls durch Rache.

b) Aggressiv reagieren:
Drasal: „Das ist ja ein starkes Stück! Ausgerechnet Sie werfen mir Unpünktlichkeit vor! Na, ich will mich darüber nicht weiter auslassen. Vielleicht fragen Sie sich einmal selbst, warum ich Termine manchmal nicht einhalten kann! Also wirklich."

So geht das sicher nicht gut. Das Machtdiktat funktioniert nicht von unten nach oben. Dierdorf wird mit Sicherheit ärgerlich, und Drasal wird das bald merken.

c) Partnerbezogen reagieren:
Drasal: „Ich bin sehr gekränkt über Ihre Kritik. Ich finde sie ungerecht. Wäre es möglich, einmal über die Gründe zu sprechen, aus denen Sie mich für unpünktlich halten?"

Trotz aller Wut greift Drasal seinen Chef nicht an. Er sagt durch Ich-Aussagen seine gegenteilige Meinung und hängt einen weiterführenden Satz an. Es ist durchaus möglich, ja sogar wahrscheinlich, dass sich jetzt ein sachlicher Dialog entwickelt, der unter Umständen zu einer Revision der harschen Kritik Dierdorfs führt.

2. *Wie hätte Dierdorf das Machtdiktat mit seinen für ihn un-*
   angenehmen Folgen vermeiden und sich trotzdem (partner-
   bezogen) durchsetzen können?

Dierdorf: „Herr Drasal, wir arbeiten nun schon seit drei Jahren zusammen und ich habe an den Ergebnissen Ihrer Arbeit
nichts auszusetzen. Im Gegenteil, ich bin recht zufrieden.
Allerdings hatte ich schon bei unserem Gespräch im vergan-
genen Jahr ein Problem, das sich in diesem Jahr noch ver-
größert hat. Sie sind in meinen Augen, schlicht und einfach
gesagt, unpünktlich. Vermutlich wissen Sie das auch, und ich
brauche Ihnen die einzelnen Terminüberschreitungen nicht
aufzuzählen. Ich möchte Sie wieder fragen: Gibt es dafür
Gründe, über die wir sprechen können?"

Jetzt sieht die Sache für Drasal ganz anders aus. Dierdorf hat
zwar deutlich und unmissverständlich gesagt, was er zu be-
anstanden hat, aber nicht kränkend, also das Selbstwertgefühl nicht verletzend. Er zeigt, dass er die Meinung Drasals
ernst nimmt, indem er ihn (wie wahrscheinlich auch schon
früher) nach den Gründen für seine Unpünktlichkeit fragt
und ein Gespräch darüber anbietet. Jetzt wird dieses Beur-
teilungsgespräch vielleicht sogar dazu führen, das Problem
„Unpünktlichkeit" zu lösen.

5. Fall: Der renitente Stellvertreter

Situation

In einer Versicherungsgesellschaft ist es üblich, Beförderungen
aus den eigenen Reihen vorzunehmen, das heißt nach Möglichkeit
niemanden von außen auf leitende Positionen zu holen. Man hat
deswegen eine Art Pool eingerichtet, in dem Führungsnachwuchs
sozusagen „geparkt" wird. Die Damen und Herren dieses Pools
gehen nach festgelegten Plänen durch alle Bereiche des Unternehmens und werden durch den Abteilungsleiter des Pools, Herrn Eilers,

geschult. Da Eilers in hohem Maße das Vertrauen des Vorstands genießt, wird er häufig als „Feuerwehr" in Außenstellen und Agenturen geschickt.

Während Eilers Abwesenheit führt dessen Stellvertreter, Herr Erler, die Abteilung, und er hat im Laufe der Zeit auch mehr und mehr die Schulung des Führungsnachwuchses übernommen. Ursprünglich hatte Erler selbst auch einmal zu diesem Führungsnachwuchs gehört, war aber von Eilers immer häufiger als rechte Hand und schließlich als Stellvertreter herangezogen worden und ist so in der Abteilung hängen geblieben. Viele der heutigen Führungskräfte hat Erler ausgebildet. Vor einigen Tagen war vom Personalvorstand eine Anforderung für die Position eines Abteilungsleiters im Außendienst gekommen. Eilers hatte mit Erler darüber gesprochen, welche Nachwuchskräfte aus dem Pool dafür infrage kämen. Sie einigten sich auf Frau Eberhard und Frau Emmerich.

Allerdings ließ Erler erkennen, dass er selbst gerne diese Position übernehmen würde. Er sei nun schon so lange Stellvertreter und wolle gern selbst einmal die Annehmlichkeiten und die Selbstständigkeit eines Abteilungsleiters genießen. Eilers entscheidet sich aber für Frau Emmerich als die für diese Position am besten Geeignete. Er bittet darum Erler zu einem Gespräch, um ihm seine Entscheidung mitzuteilen. Erlers Interesse an dieser Position nimmt er nicht allzu ernst. Außerdem will er ihn nicht als seinen Stellvertreter verlieren. Nach der Begrüßung werden zunächst einige Routinesachen besprochen, dann kommt Eilers zur Sache:

Eilers: „Wir haben hier noch die Anforderung des Vorstandes für die Abteilungsleiterposition im Außendienst, über die wir ja schon gesprochen haben. Also, ich habe mich für Frau Emmerich entschieden. Sie waren ja auch der Meinung, dass Frau Emmerich durch ihre ausgeprägte Fähigkeit, auf Menschen zuzugehen, besonders geeignet ist."

Erler: „Wir hatten aber auch über mich gesprochen, das heißt, ich hatte den Wunsch geäußert, dabei berücksichtigt zu werden."

Eilers: „Also, mein lieber Erler, das überrascht mich eigentlich. Ich habe Ihre Äußerung nicht ganz ernst genommen, weil ich weiß, wie

sehr Sie Ihre jetzige Tätigkeit lieben. Sie sind ein prima Stellvertreter, aber als Abteilungsleiter, ja, wie soll ich es sagen, wären Sie
sicher überfordert."
Erler: „Woher wollen Sie das wissen?"
Eilers: „So was fühlt man einfach. Dass Sie es nicht auch fühlen,
spricht ja irgendwie deutlich gegen Ihre Qualifikation."

Analyse

- Eilers sagt, dass er den Wunsch, also die Meinung Erlers,
  nicht ernst nimmt. Schon dadurch verletzt er dessen
  Selbstwertgefühl.
- „Mein lieber Erler" ist gewiss nicht umkehrbar, Erler
  könnte es nicht zu Eilers sagen, ohne eine unangenehme
  Situation herbeizuführen.
- Der Zirkelschluss: „Wenn Sie nicht fühlen, dass Sie nicht
  qualifiziert sind, dann sind Sie auch nicht qualifiziert"
  zerstört den Rest von Erlers Selbstwertgefühl.
- Selbst wenn alles beim Alten bliebe, würde Erler sicher
  nicht mehr mit derselben Freude arbeiten wie bisher.
- Sein inneres Verhältnis zu Eilers ist vermutlich nachhaltig
  gestört – mit allen für diesen damit verbundenen Konsequenzen.

*1. Wie hätte Erler auf das Machtdiktat von Eilers reagieren
können oder sollen?*

a) Resignieren: Also die Verletzung des Selbstwertgefühls
   zunächst hinnehmen. Später „Dienst nach Vorschrift"
   und/oder Wiederherstellung des Selbstwertgefühls durch
   Rache.
b) Aggressiv reagieren:
   Erler: „Also hören Sie mal, Herr Eilers, Sie müssten sich
   ja selber für einen Deppen halten, wenn Sie eine solche
   Niete – als die Sie mich ja offensichtlich ansehen – schon
   so lange als Ihren Stellvertreter beschäftigen. Dabei weiß
   doch jeder in der Firma, dass alles erst so richtig klappt,

wenn Sie nicht da sind. Und was ist mit den vielen Leitenden, die ich ausgebildet habe?"

Es ist anzunehmen, dass nach diesen oder ähnlichen Äußerungen Erlers die weitere Zusammenarbeit zwischen beiden stark gefährdet ist.

c) Partnerbezogen reagieren:
Erler: „Das war aber nicht sehr freundlich, Herr Eilers. Im Übrigen halte ich mich für durchaus geeignet für diese Position! Das habe ich schließlich wiederholt bewiesen. Bitte lassen Sie uns doch mal im Einzelnen darüber reden."

Diese Ich-Aussage mit dem weiterführenden Satz, „… doch im Einzelnen darüber reden" zu wollen, führt vielleicht zu einem entspannteren Gespräch. Eilers könnte dann im Laufe des Gesprächs sogar zeigen, dass er Erlers Wunsch inzwischen ernst nimmt, zum Beispiel:
Eilers: „Bei den nächsten Anforderungen ist sicher bald eine Position, die Ihnen auch liegen würde. Ich verliere Sie zwar nicht gern, aber ich würde mich dann voll für Sie einsetzen, wenn Sie es wollen."

2. Wie hätte Eilers das Machtdiktat mit seinen für ihn unangenehmen Folgen vermeiden und sich trotzdem (partnerbezogen) durchsetzen können?

Seine Ziele müssten sein:
- Erler deutlich zu machen, dass er ihn nicht befördern möchte, und ihn dabei nicht zu verletzen.
- Erler zu motivieren, weiter mit Freude in der jetzigen Position als Trainer und stellvertretender Abteilungsleiter zu arbeiten.

Er hätte also zum Beispiel Folgendes sagen können:

Eilers: „Ich freue mich, dass Sie Ehrgeiz haben, Herr Erler. Allerdings würde ich Ihnen dringend von einer Abteilungsleitung abraten, aus folgenden Gründen: Sie arbeiten gut mit dem einzelnen Menschen, wenn es gilt, ihm etwas beizubringen. Der Umgang mit Menschen macht Ihnen einfach Freude. Als Abteilungsleiter haben Sie viel mehr Verwaltungsarbeit, die Ihnen nicht so liegt. Denken Sie doch nur daran, wie Sie immer stöhnen, wenn ich verreist bin und Sie die Monatsstatistiken termingerecht abliefern müssen!"

Jetzt fühlt sich Erler, trotz der Ablehnung seines Wunsches, ernst genommen, also in seinem Selbstwertgefühl nicht verletzt; und beide können jetzt sachlich über die Angelegenheit sprechen.

6. Fall: Allzu gut ist oft nicht gut

Situation

Das Fließband wurde schon vor einigen Jahren abgeschafft. Montiert wird in der Gruppe. Gruppenleiter ist Herr Friedrichs. In der Gruppe gibt es einen Arbeiter, Herrn Falter, der wesentlich genauer und schneller arbeitet als alle anderen Gruppenmitglieder. Friedrichs hat ihn deshalb wiederholt gelobt und ihn auch zu Lehrgängen und Schulungen geschickt. Er ist auch schon dem Meister Faber angenehm aufgefallen, der ihn zur Beförderung vorgesehen hat. Allerdings haben sich einige Kollegen Falters wiederholt bei Friedrichs und Faber beklagt, Falter sei überheblich. Er führe sich in der Gruppe auf wie der Chef persönlich und „putze die Kollegen runter" wie ein zorniger Schulmeister. Seine fachlichen Leistungen fänden bei allen Anerkennung, nur sein überhebliches Benehmen wolle man nicht länger ertragen.
Meister Faber beschließt – in Abstimmung mit dem Gruppenleiter –, mit Falter zu reden.
Faber: „Also, Hannes, das will ich dir sagen: So geht das nicht. Deine Überheblichkeit stinkt mir. Wenn du nicht bald wieder runter-

kommst auf den Teppich, dann ist Sense. Dann kannst du dir die Beförderung an den Hut stecken. Und überhaupt, was soll das denn? Wieso bildest du dir ein, was Besseres zu sein?"

Analyse

■ Der überraschte Falter kapiert überhaupt nichts: Er weiß nichts von den Beschwerden seiner Kollegen, infolgedessen weiß er auch nicht, wovon der Meister redet.

■ Ton und Inhalt des meisterlichen Angriffs kränken ihn (Selbstwertgefühl!) und wecken seinen Widerstand.

■ Der Betrieb verliert durch das unkluge Verhalten des Meisters unter Umständen eine wertvolle Nachwuchskraft.

1. Wie hätte Falter auf das Machtdiktat von Faber reagieren können oder sollen?

a) Resignieren: Also die Verletzung des Selbstwertgefühls zunächst hinnehmen. Später „Dienst nach Vorschrift" und/oder Wiederherstellung des Selbstwertgefühls durch Rache (evtl. Kündigung).

b) Aggressiv reagieren:
Falter: „Jetzt halten Sie aber mal die Luft an, Meister. So geht's ja nicht! Das brauche ich mir nicht gefallen zu lassen! Schreien Sie, mit wem Sie wollen, aber nicht mit mir!"

Jetzt würde ein Wort das andere geben, und schließlich geht man verfeindet auseinander. Vermutlich würde Falter sogar kündigen. Damit ist aber niemandem gedient.

c) Partnerbezogen reagieren
Falter: „Also, Meister, ich weiß wirklich nicht, was ich davon halten soll. Ich kann mich überhaupt nicht wehren, weil ich nicht weiß, was los ist. Bitte erklären Sie mir's doch mal von Anfang an."

Jetzt kann man wahrscheinlich ohne Emotionen auf den Kern der Sache kommen.

2. *Wie hätte Faber das Machtdiktat mit seinen für ihn unangenehmen Folgen vermeiden und sich trotzdem (partnerbezogen) durchsetzen können?*

Faber: „Hör mal, Hannes, ich habe da ein Problem. Immer wieder kommen Kollegen aus deiner Gruppe und beschweren sich, du würdest sie schikanieren. Ich hab das ja nicht geglaubt. Aber nachdem es immer wieder vorkommt, dachte ich, sprich doch mal mit dem Hannes. Hast du auch das Gefühl, dass zwischen dir und einigen Kollegen irgend-etwas nicht stimmt?"

Faber hat konsequent vermieden, Falter zu beschuldigen. Es wäre sehr unklug, jemanden auf bloßes Hörensagen hin zu verurteilen. Dann hat er durch seine partnerbezogene (umkehrbare) Frage: „Hast du auch das Gefühl, dass zwischen dir und einigen Kollegen irgendetwas nicht stimmt?" die Angelegenheit auf das Gleis gebracht, auf das sie gehört: Welche Meinung hat Falter? Bei konsequenter Fortsetzung der Unterhaltung wird Falter vermutlich selbst merken, dass er sich nicht richtig verhält.

Anmerkungen zu den Fällen

Alle hier aufgeführten Fälle sind einander ähnlich, da es sich um Machtdiktat oder Vergleichbares, also um Führungsfehler handelt, die durch bösartiges, ungeschicktes oder gedankenloses Reden entstanden sind. Sie sind alle übertragbar auf ähnliche Situationen in Ihrem Berufs- und Privatleben.

Fälle zeigen Führungsfehler

Das Machtdiktat oder andere „nicht umkehrbare" Formulierungen sind immer verbunden mit dem Nicht-Ernstnehmen, dem Nicht-Respektieren einer anderen Meinung. Sie führen, selbstbewussten Menschen gegenüber angewendet, fast immer zu verdeckten oder offenen Aggressionen (Versuch der Wiederherstellung des Selbstwertgefühls). Dabei sollte keiner von uns den ersten Stein werfen: Wer mächtiger ist als sein Gesprächspartner, zum Beispiel ein Vorgesetzter, erliegt leicht der Versuchung, das Machtdiktat anzuwenden. Und fast jeder von uns ist – im weitesten Sinne – „Führender" und „Geführter".

Ein Machtdiktat kann in den unterschiedlichen Konstellationen angewendet werden, nicht allein in betrieblichen oder organisatorischen Hierarchien, zum Beispiel in folgenden Beziehungen:

Starker – Schwacher
Reicher – Armer
Mann – Frau
Eltern – Kinder
Arzt – Patient
Fachmann – Laie
Beamter – Bürger
Gast – Kellner
Kunde – Dienstleister

5. Das eigene Verhalten bewusst ändern

„Der ich bin, grüßt wehmütig den,
der ich sein möchte."

CHRISTIAN MORGENSTERN

Sprechen kann man planen

Ich habe in den Eingangskapiteln versucht, Ihnen Folgendes nahe zu bringen:

Sprechen ist immer für andere bestimmt.

Die Kunst, wirkungsvoll zu sprechen

Das Sprechen an sich ist keine Kunst, sondern die Kunst besteht darin, die Personen, mit oder zu denen wir sprechen, zum Zuhören zu bringen. Dafür sorgt fast nie der Inhalt dessen, was Sie sagen, sondern die Art, wie Sie sprechen – also die Formulierung und die Darstellung. Das Thema steht oft fest. Es ist von außen bestimmt: zum Beispiel eine Rede vor der Betriebsversammlung, eine Informations- oder eine Motivationsrede vor Mitarbeitern, eine Jubiläumsansprache usw. Am Thema, am Inhalt können Sie also nichts ändern. Aber die Art, die Form, wie Sie diesen Inhalt präsentieren – also sprechen und formulieren –, die können Sie gestalten. Durch diese von Ihnen gestaltete Form können Sie den Inhalt für die Hörer interessant machen.

Denken Sie nur an Ihre Schulzeit: Von zwei Lehrern ist der eine ein wirklicher Könner. Er beherrscht seine Fächer aus dem Effeff. Er weiß einfach alles. Aber sein Unterricht ist so langweilig, so wenig dynamisch, so einschläfernd, dass alle Schüler nach ein paar Minuten eindösen oder an etwas anderes denken. Der andere Lehrer weiß viel weniger. Aber sein Unterricht ist so interessant, so dynamisch, so mitreißend, dass fast alle gebannt zuhören und vieles von dem „hängen bleibt", was er sagt.

Ich frage Sie: Welcher von beiden Lehrern ist der bessere – vom Standpunkt des Schülers, also des Hörers aus gesehen? Natürlich der zweite. Und wodurch? Durch die Art, wie er das Wissen vermittelt, also durch die Form, die Formulierung, durch seine Art zu sprechen, nicht durch den Inhalt. Ich bin ganz sicher, dass das schlechte Abschneiden deutscher Schüler in der „Pisa-Studie" zum Teil auf das unzulängliche Vermittlungsvermögen vieler Lehrer zurückzuführen ist.

Nun erhebt sich folgende Frage: Wie können Sie sich beim Sprechen so verhalten wie der zweite Lehrer? Wie können Sie das, was Sie für sich als richtig erkannt haben, auch anwenden? Wie können Sie, wenn nötig, Ihre bisherigen Gewohnheiten beim Sprechen ändern?

Das ist – wie so vieles im Leben – eine Angelegenheit der Planung. Sie müssen die Verhaltensänderungen beim Sprechen, die Sie erreichen wollen, systematisch angehen. Ich nenne Ihnen fünf Planungsschritte, die Ihnen helfen können, Ihr Verhalten beim Sprechen zu verändern: **5 Planungsschritte**
1. Bestandsaufnahme
2. Schwachpunkte
3. Ziele
4. Reihenfolge der Zielerreichung
5. Maßnahmen

1. Bestandaufnahme machen

Diese Bestandsaufnahme haben Sie alle wahrscheinlich schon gemacht, wenn Sie das Buch durchgearbeitet haben. Sie haben verglichen, wie Sie sprechen und wie es im Buch vorgeschlagen wird.

2. Schwachpunkte erkennen

Schreiben Sie auf, welche Schwächen Sie beim Sprechen bei sich entdeckt haben, was Sie also gern verändern möchten, zum Beispiel: zu viele „Äh", zu leise, zu schnell, schlechter Blickkontakt usw.

3. Ziele setzen

Sie nehmen sich als Ziele vor, die eben festgestellten Schwachpunkte zu verbessern oder ganz zu beseitigen, zum Beispiel: Pausen statt „Äh" (Sie erinnern sich: Das Äh-Sagen können Sie durch Pausen beim Sprechen beseitigen.), lauter sprechen, Pausen machen, mehr Blickkontakt usw.

4. Die Reihenfolge der Ziele festlegen

Dabei gibt es eine Faustregel: Streben Sie immer nur ein Ziel an, nicht mehrere gleichzeitig.

Eine weitere Faustregel sagt: Fangen Sie mit dem Ziel an, von dem Sie glauben, es am schnellsten erreichen zu können. Also mit dem Ziel, das Ihnen zu erreichen am leichtesten vorkommt. In unserem Fall hier könnte die Reihenfolge so aussehen:

1. Lauter sprechen
2. Pausen machen (Damit schlagen Sie eventuell zwei Fliegen mit einer Klappe: Kein „Äh" mehr sagen und langsamer sprechen!)
3. Besserer Blickkontakt

5. Maßnahmen ergreifen

5. Schritt: Handeln Nehmen wir 1. „Lauter sprechen" als Beispiel.

Erste Maßnahme: Notizbuch
Sie schlagen jeden Abend vor dem Schlafengehen Ihr Notizbuch auf und tragen unter dem Datum des folgenden Tages ein: „Ich spreche lauter." Dann klappen Sie das Notizbuch zu und legen sich schlafen. Am nächsten Abend schlagen Sie das Notizbuch wieder auf und erschrecken: „Ach ja, ich hatte mir vorgenommen, lauter zu sprechen. Aber ich habe den ganzen Tag über nicht daran gedacht, sondern so leise wie immer vor mich hingenuschelt." Dann tragen Sie für den nächsten Tag wieder ein: „Ich spreche lauter!" Und das machen Sie jeden Abend so.

Zweite Maßnahme: Üben

Sie lesen sich jeden Tag etwa fünf Minuten aus einem Buch, einer Zeitschrift, einer Zeitung selbst vor – und zwar so laut, dass es Ihnen deutlich zu laut vorkommt. Wenn einem Leisesprecher sein eigenes Sprechen zu laut vorkommt, dann spricht er gerade richtig, gerade laut genug.

Dritte Maßnahme: Zettel

Sie schneiden sich acht bis zehn Zettel im Format DIN A7 oder DIN A8 zurecht. Auf jeden Zettel schreiben Sie ein großes „V" für „Vorsatz". Einen Zettel legen Sie in die Geldbörse, einen in die Handtasche, einen in die Jackentasche, einen auf den Nachttisch, einen kleben Sie an den Badezimmerspiegel, einen aufs Armaturenbrett im Auto, einen auf den Schreibtisch usw., sodass Sie immer wieder auf einen Zettel mit dem „V" wie „Vorsatz" stoßen: Was hatte ich mir vorgenommen? Ach ja, „Lauter sprechen"!

Warum das alles? Was ist denn eigentlich das Leisesprechen? Es ist eine Gewohnheit. Wir haben es uns aus irgendwelchen Gründen angewöhnt, vielleicht, weil die Mutter früher immer gesagt hatte: „Sprich nicht so laut!" Was sind Gewohnheiten?

Gewohnheiten

Gewohnheiten sind Programme im Unterbewusstsein. Gewohnheiten sind Verhaltensweisen, die wir in bestimmten Situationen anwenden, ohne darüber nachdenken zu müssen.

Wir verhalten uns unbewusst so – vom Unterbewusstsein gesteuert. Wir müssen also das im Unterbewusstsein fixierte Programm, welches zum Beispiel heißt: „Leise sprechen", durch ein neues Programm ersetzen, welches heißt: „Lauter sprechen".

Gewohnheiten ändern durch Autosuggestion

Auch das partnerbezogene Verhalten verlangt bei konsequenter und erfolgreicher Anwendung vermutlich eine Verhaltensänderung von Ihnen – und damit das Abstellen einer Gewohnheit: Sie sollen die Meinung eines anderen ernst nehmen.

Ihr Verstand sagt wahrscheinlich ohne große Schwierigkeiten „Ja" zu dieser Forderung, weil ihre Befolgung eine ganze Reihe von einleuchtenden Vorteilen mit sich bringt. Aber bei vielen von Ihnen wird sich das Gefühl dagegen sträuben, weil unser aus grauer Vorzeit stammender Selbsterhaltungstrieb uns rät, unserer eigenen Meinung mehr zu trauen als anders lautenden fremden Meinungen.

Das Unterbewusstsein programmieren

Wie schreiben wir neue Programme ins Unterbewusstsein? Durch dauerndes Bewusstmachen. Durch dauerndes Daran-Denken. Indem wir Immer wieder daran denken. So lange, bis wir eines Tages nicht mehr daran zu denken brauchen. Bis das Lautersprechen oder das Ernstnehmen der anderen Meinung als neues Programm im Unterbewusstsein fixiert ist, bis es automatisiert ist, bis es zur Gewohnheit geworden ist. Durch dieses neue Programm „Lauter sprechen" ist gleichzeitig das alte Programm „Leise sprechen" gelöscht. Das funktioniert ähnlich wie bei einem Videorekorder: Wird das alte Programm überspielt, ist es gelöscht. (Das ist wissenschaftlich nicht erwiesen, aber es erklärt den Vorgang exakt.)

Beispiel

Erinnern Sie sich noch an Ihre ersten Fahrstunden? Der Fahrlehrer sagte Ihnen: „Lassen Sie den Motor an." Stresshormone: „Was muss ich machen? Hier, den Schlüssel drehen. Nein, erst den Leerlauf einstellen. Wo ist er? Hier könnte er sein. Halt, der Wagen rollt. Was muss ich tun? Hier, die Handbremse. So, jetzt kann ich drehen. Oh, der Motor läuft. Was jetzt?

Der erste Gang. Wo ist er? Krch. Nein, erst die Kupplung treten.
Wo ist sie? Hier usw."

Wissen Sie noch, wie das war in den ersten Fahrstunden? Am
Abend vor der Fahrprüfung haben Sie im Bett gelegen und
noch mal ganz genau überlegt, was alles so vorkommt beim
Autofahren. Und auch noch lange nach der Fahrprüfung
haben Sie jede Handlung genau überlegt.

Und wie ist das heute?

Heute brauchen Sie doch gar nicht mehr darüber nachzuden-
ken, wie man Auto fährt. Das ist alles automatisiert. Das ist
in Ihrem Unterbewusstsein programmiert und lenkt und leitet
Sie von dort.

Aber wie ist es so weit gekommen? Durch dauerndes Daran-
Denken, durch dauerndes Bewusstmachen. Indem Sie immer
wieder daran dachten. Sich alles immer wieder bewusst mach-
ten, bis Sie eines Tages nicht mehr daran zu denken brauchten.
Bis es zur Gewohnheit geworden war.

Genau so ist es beim Leisesprechen und allen anderen Ver- **Vorsatzformeln**
haltensweisen, die Sie ändern wollen. Durch dauerndes
Daran-Denken und den Willen, Ihr Verhalten zu ändern,
wird es zur Gewohnheit.

Ich habe gute Erfahrungen gemacht mit der Autosugges-
tion als Mittel, ein im Unterbewusstsein verankertes Gefühl
„umzuprogrammieren". Hier einige Vorschläge für „Vorsatzformeln":

- „Ich höre immer und überall zu!"
- „Ich respektiere die andere Meinung. Ich nehme sie ernst."
- „Ich achte das Selbstwertgefühl des anderen."
- „Ich rede umkehrbar."
- „Ich kann, was ich will!"

Diese Formeln können Sie beliebig abwandeln unter Anwendung der folgenden „Leitsätze zum Erreichen von Verhaltensänderungen". Sie können auch eigene Formeln bilden.
Diese sollten sich jedoch gut sprechen und denken lassen.

Je öfter Sie Vorsatzformeln denken oder sprechen, desto schneller erreichen Sie die gewünschte Verhaltensänderung.

Im Zustand der Entspannung wirken Vorsatzformeln und Auto-(=Selbst-)suggestionen zum Zweck der Verhaltensänderung schneller und nachhaltiger. Deshalb ist es gut, wenn Sie Entspannungstechniken (Yoga, Meditation, autogenes Training, Tiefenentspannung) beherrschen. (Dazu gibt es zahlreiche Kurse.) Sie sind dann fähig, sich jederzeit in den Zustand der Entspannung hineinzuversetzen.

Übung

Autosuggestionsvorschlag zum Respektieren anderer Meinungen

Wenn Sie Schwierigkeiten damit haben sollten, abweichende Meinungen zu respektieren, sprechen Sie mehrere Male täglich verhalten, aber nachdrücklich, folgenden Text:

„Ich bin ein positiver Mensch
und nehme deshalb die Meinung eines anderen ernst.
Sehr ernst.
Denn jeder Mensch hat das Recht auf seine Meinung
und liebt es, wenn diese – seine Meinung –
ernst genommen wird.
Genauso, wie ich es liebe,
wenn meine Meinung ernst genommen wird.
Ich werde es deshalb immer zeigen,
dass ich die Meinung des anderen,
die andere Meinung,
respektiere und ernst nehme,
dem anderen das Recht,

so zu denken, zugestehe.
Das stimmt ihn positiv für mich
und für meine Meinung.
Wenn ich mich so einstelle,
so handele, so verhandele,
dann wirke ich positiv
und werde Positives ernten.
Darum nehme ich immer wieder
die Meinung des anderen ernst.
Sehr ernst.
Und gewinne ihn so für mich.
Und gewinne ihn ganz für mich.
Und gewinne ihn dauerhaft für mich."

Zusammenfassung

Gewohnheiten ändern Sie durch „Umprogrammierung" Ihrer Gedanken. Dazu müssen Sie sich Ihre Vorsätze regelmäßig vorsprechen und sich ständig an diese erinnern. Das ist am einfachsten, wenn Sie sich im Zustand vollkommener Entspannung befinden (zum Beispiel durch autogenes Training).

Leitsätze zum Erreichen von Verhaltensänderungen

1. Wenn ich bei mir etwas verändern will, muss ich genau wissen, was ich verändern will. Ich muss also diese gewünschte Veränderung als Ziel formulieren und das Erreichen dieses Zieles zu meinem festen Vorsatz machen (Zielklarheit).

2. Ich muss diese Zielvorstellung zu meiner festen Gewohnheit machen: zur Gewohnheit, „es nicht mehr zu tun", wenn es ein Verhalten ist, das ich ablegen will; zur Gewohnheit, „es zu tun", wenn es ein Verhalten ist, das ich mir aneignen will.

3. Gewohnheiten sind Programme im Unterbewusstsein. Also programmiere ich mein Unterbewusstsein durch ständiges Denken an diesen meinen Vorsatz, durch fortwährendes Bewusstmachen.

4. Ich formuliere meinen Vorsatz direkt. Beispielsweise nicht: „Ich will zuhören!", sondern: „Ich höre immer und überall zu."

5. Ich stelle mir dauernd vor, wie es sein wird, wenn die gewünschte Änderung eingetreten ist, wenn ich also meinen Vorsatz erreicht habe. Ich denke so, als ob das, was ich will, schon eingetreten wäre.

6. Je häufiger ich an meinen Vorsatz denke, desto schneller erreiche ich ihn, desto früher wird er zur Gewohnheit. Damit ich möglichst häufig an ihn denke, schaffe ich mir Gedächtnishilfen, wie: täglicher Eintrag in mein Notizbuch, Zettel mit der Aufschrift: „Ich halte alle meine Vorsätze!" oder: „V" in allen Taschen, am Badezimmerspiegel, am Armaturenbrett des Autos, auf dem Schreibtisch, in der Handtasche usw.

7. Ich bitte Freunde und Angehörige, mir zu sagen, wenn ich nicht nach meinen Vorsätzen handle.

8. Ich bilde mir Vorsatzformeln und spreche sie morgens, mittags, abends mindestens je 25-mal, zum Beispiel: „Ich höre immer und überall zu."

9. Ich strebe immer nur einen Vorsatz an. Erst wenn ich den erreicht habe, strebe ich den nächsten Vorsatz an.

10. Ich beginne mit einfachen Vorsätzen, damit ich möglichst schnell Erfolg habe.

11. Je mehr ich davon überzeugt bin, dass meine Vorsätze, meine Ziele, erstrebenswert sind und dass ich mich verändern werde, desto eher werde ich erreichen, was ich will, denn:

Ich kann, was ich will.

Schlussbemerkungen

Sie sprechen immer für andere. Machen Sie es also Ihren Zuhörern und Gesprächspartnern so leicht wie möglich, Ihnen zuzuhören.

Sprechen Sie zuhörerfreundlich – ohne zu viele Fachbegriffe oder Dialektausdrücke und ohne viele Nebensätze. Gliedern Sie einen Vortrag sinnvoll und sprechen Sie anregend, indem Sie Beispiele bringen und im besten Sinne „Umgangsdeutsch" reden. Halten Sie Blickkontakt zu Ihren Gesprächspartnern oder Zuhörern und machen Sie nur Gesten, wenn Sie Lust dazu haben und diese zum Thema passen.

Sowie Sie begriffen – und erlebt – haben, wie stark Ihre Position in einem Gespräch und auch in einem Vortrag wird, wenn Sie andere Meinungen ernst nehmen und das deutlich machen, bestimmen Sie oft weitgehend das Verhalten Ihrer Zuhörer und Gesprächspartner – können es also in Ihrem Sinne steuern. Das wird nicht immer glatt gehen, denn es reden ja nicht Roboter miteinander, sondern Menschen, die nicht immer planbar und voraussagbar reagieren.

Aber sehr oft wird es im erwarteten Sinn funktionieren. Das bewirken die positiven Emotionen, die Sie durch Ihr partnerbezogenes Verhalten erzeugen. Dadurch werden Ihre Argumente viel wirkungsvoller oder aber Ihr Gesprächspartner gibt eher nach, auch wenn er nicht überzeugt ist. Noch ein Vorteil: Das partnerbezogene Verhalten bedarf keines allgemeinen Konsenses. Jeder kann es für sich allein anwenden. Es genügt schon, wenn Sie es in Ihrem Umfeld tun. Dann wird in Ihrem beruflichen Bereich und in Ihrer Familie wesentlich aggressionsfreier gearbeitet und gelebt als

Positive Emotionen

anderswo. Es ist auch nicht notwendig, alle besprochenen Regeln dauernd anzuwenden. Es reicht im Allgemeinen, bei kontroversen Gesprächen auf das Machtdiktat (von oben nach unten) oder auf Aggression und Resignation (von unten nach oben) zu verzichten, um zu einem verletzungsfreien Gespräch zu kommen. Weitere Verhaltensregeln können Sie je nach Situation, Bedarf und Fortschritten anwenden.

Sich human durchsetzen

Im Gegensatz zu vielen anderen Methoden, sich durchzusetzen, hinterlässt das partnerbezogene Verhalten keine Wunden. Deshalb ist es nicht nur erfolgreicher, sondern auch humaner.

BALTASAR GRACIAN (1601 – 1658)

„*Kunst der Klugheit*"

1. Abschnitt,
übersetzt von
ARTHUR SCHOPENHAUER (1788 – 1860):

„Sich vor dem Siege über Vorgesetzte hüten.
Alles Übertreffen ist verhasst,
aber seinen Herrn zu übertreffen
ist entweder ein dummer
oder ein Schicksalsstreich.
Stets war die Überlegenheit verabscheut.
Fürsten mögen wohl, dass man ihnen hilft,
jedoch nicht, dass man sie übertrifft:
Der ihnen erteilte Rat sehe daher mehr aus
wie eine Erinnerung an das, was sie vergaßen,
als wie ein ihnen aufgestecktes Licht zu dem,
was sie nicht finden konnten."

Bücher, die mich angeregt haben

Berne, Eric: *Was sagen Sie, nachdem Sie „Guten Tag" gesagt haben?* Psychologie des menschlichen Verhaltens. Neuausgabe. Frankfurt am Main 2000

Cicero, Marcus Tullius: *Orator.* München 1980

Daniel Goleman, *Emotionale Intelligen*, München, 1997.

Eibl-Eibesfeldt, Irenäus: *Die Biologie des menschlichen Verhaltens. Grundriss der Humanethologie.* 3. Auflage. München 1997

Gadamer, Hans Georg: *Wahrheit und Methode.* Tübingen 1990

Gordon, Thomas: *Managerkonferenz. Effektives Führungstraining.* 16. Auflage. München 1999

Lay, Rupert: *Manipulation durch die Sprache.* Berlin 1990

Lazarus, Arnold A./Fay, Allen: *Ich kann, wenn ich will. Anleitung zur psychologischen Selbsthilfe.* 9. Auflage. Stuttgart 1998

Schellbach, Oscar: *Mein Erfolgssystem.* Freiburg 1985

von Wiese, Leopold: *System der allgemeinen Soziologie als Lehre von den sozialen Prozessen und den sozialen Gebilden der Menschen (Beziehungslehre).* Berlin 1966

Teigeler, Peter: *Verständlichkeit von Sprache und Text.* Stuttgart 1968

Tucholsky, Kurt: *Ausgewählte Werke.* Reinbek 1965

Vester, Frederic: *Denken, lernen, vergessen.* Neuausgabe. München 1998

Stichwortverzeichnis

Für Leute, die mehr wollen.
Mehr Buch, mehr Web, mehr Erfolg.

book@**web** ist ein medialer Brückenschlag, der die Vorteile beider Medien nutzt: **das Buch** als ideales Medium für lineare Informationen, **das Internet** mit seinen hypermedialen Kommunikationstools.

Zu jedem book@**web**-Buch gibt es unter **www.book-at-web.de** einen **kostenlosen Workshop** zum aktiven Training: mit interaktiven Übungen, Formularen zum Downloaden, Audios und Videos.

book@web

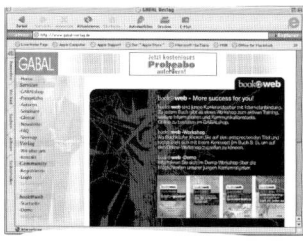

➤ **Business Community**
➤ **Shop, Autoren, Seminare**
➤ **Kommunikation via Foren**
➤ **Interaktive Workshops**

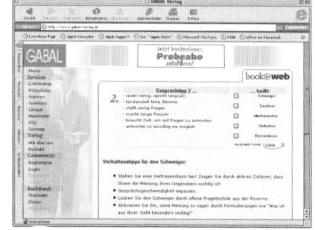

www.book-at-web.de